New
Tourism
for
Your Life

未来を旅する
HIROSHIMA

未来を旅する編集会議

Have a nice experience!

Photo by Kazuhiro Sorioka

序文

ひろしまの里山で出合えるのは、未来の自分。

「未来を旅する」という言葉は、広島の中山間地で島も含めた"里山"で生まれました。里山はのんびりとした不変的なイメージを持たれがちです。でも、私が出合った里山は、むしろ逆でした。夢を持ち、学びの意欲が旺盛で、未来を感じられる新しい"コト"を創る若きチャレンジャーたちがいて、枠にとらわれないその姿は、とてもキラキラしていました。

また、里山では、地域と交じり合い自分がエンパワーされる経験ができました。余白がある旅、といった感じでしょうか。海に沈む美しい夕日を眺めながら、おしゃべり好きな地域の若者と話をするなかで、自分と向き合う時間をたくさん持てました。そして、素直な気持ちや自分の可能性に気づき、その経験が起業のきっかけにもなりました。

いつしか、そんな旅のカタチを伝えたいと思い、それぞれの地域の仲間たちに、本を作ろう！ と呼びかけました。その呼びかけに集結した若者たちによって、未来を旅する編集会議は生まれました。

"未来"は、常に"未来"であって、この書籍で答えが出るものではありません。その未完成さや余白を楽しんでいただけますと幸いです。

また、出版にあたりましてクラウドファンディングや取材、編集にご協力いただきました皆さまに、御礼申し上げます。

未来を旅する編集会議 編集長

尾﨑香苗
おざき・かなえ

テレビリポーター時代に取材の中で地域の面白さに触れ、まちづくり出版会社に入社。地域活性化プロデューサーとして事業に関わり、2019年に起業。人と地域の幸せの化学反応を起こす、株式会社FRASCO代表取締役。

CONTENTS

未来を旅する

- 04 　序文：尾﨑香苗
- 08 　HIROSHIMA PHOTOGRAPHY

未来を旅するHIROSHIMA

広島の中山間地域、いわゆる「里山」に暮らす若きチャレンジャーたちだから知っている地域の魅力とは。そこに惹きつけられた人々とは？　あなたにそっと伝えたい、ローカルガイドに会いに行く、ディープな旅のはじまり。

- 16　旅のエリア *1*　大崎上島　　ローカル・ガイド：松本幸市
- 30　旅のエリア *2*　江田島　　　ローカル・ガイド：後藤 峻
- 44　旅のエリア *3*　音戸　　　　ローカル・ガイド：数田祐一
- 58　旅のエリア *4*　湯来　　　　ローカル・ガイド：佐藤亮太

未来を旅する案内人

普段から仕事やプライベートで、深く地域と関わる案内人たち。何度も足を運んでいるからこそ分かる地域の魅力や、それぞれの旅のスタンスを独自の視点でご紹介。あなたはどんな旅がお好みですか？

- 24　未来を旅する案内人 ❶　平尾順平
- 38　未来を旅する案内人 ❷　中部直哉
- 52　未来を旅する案内人 ❸　瀬戸麻由
- 66　未来を旅する案内人 ❹　安村通芳

未来を旅するスポット

まずは気軽に立ち寄り、滞在していただきたい、とっておきの里山スポットをご紹介。実はそこがHUBになっていて、さらに他の地域の人や場所につながるきっかけになる可能性に溢れているのです。

- 28　世羅町「雪月風花 福智院」
- 42　東広島市「豊栄羊毛」／大竹市「98base」
- 56　安芸太田町「鉄学入門」
- 70　庄原市「暮らし宿 お古」「広島東城ヤマモトプロジェクト」

- 72　ひろしま里山ウェーブ座談会 in TOKYO
- 80　せとうちに〈ある〉もの
- 86　未来を旅する編集後記
- 90　「未来を旅する」論考：山川拓也
- 94　サポーター一覧

HIROSHIMA

主要都市から広島県へのアクセス

新幹線
- ◎ 東 京 駅 ━━ 広島駅（約4時間）
- ◎ 新大阪駅 ━━ 広島駅（約1時間30分）
- ◎ 博 多 駅 ━━ 広島駅（約1時間）

飛行機
- ◎ 羽田空港 ✈ 広島空港（約1時間15分）

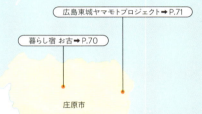

広島県

本書で旅する地域

- 広島東城ヤマモトプロジェクト ➡ P.71
- 暮らし宿 お古 ➡ P.70
- 庄原市
- 広島市佐伯区湯来町 ➡ P.58
- 鉄学入門 ➡ P.56
- 豊栄羊毛 ➡ P.42
- 雪月風花 福智院 ➡ P.28
- 安芸太田町
- 世羅町
- 広島空港
- 広島駅
- 東広島市
- 98base ➡ P.43
- 大竹市
- 江田島市 ➡ P.30
- 呉市音戸町 ➡ P.44
- 豊田郡大崎上島町 ➡ P.16

HIROSHIMA PHOTOGRAPHY

瀬戸内の、淡いグラデーションがかった海と空が好きだ。
穏やかな波に映るブルー、ピンク、オレンジ……。
時間帯で変わる表情はどれも美しく、
なぜか落ち着いた気持ちでその情景と自分を見つめることができる。
瀬戸内のみならず、広島の里山に共通して言えるのは、
穏やかな美しさ、だと思う。
そしてそれを目の前にすると、誰もが素直になってしまう。

HIROSHIMA PHOTOGRAPHY

Photo by Kazuhiro Sorioka

HIROSHIMA PHOTOGRAPHY

HIROSHIMA PHOTOGRAPHY

未来を旅する
HIROSHIMA

旅のエリア 1

大崎上島
おおさきかみじま

ここ8年で世界中から約150人が大崎上島に移住。なぜこれだけの人が？ そこには島の人が守り続けたやさしさと、つながりがあります。

ローカル・ガイド

豊田郡大崎上島町

松本幸市
まつもと・こういち

大崎上島町生まれ。島に移住したい若者の拠点として「山尻シェアハウス」を2014年から運営。町のイベント運営からコミュニティづくりまで、大崎上島を中心に活動している。趣味は卓球と料理。

Osakikamijima

ここは自らの人生、これからの未来に
希望を感じれるようになる島なんです。

　こんにちは、大崎上島でシェアハウスを運営する松本幸市と言います。ここでは、私のいる大崎上島の紹介をさせてもらいたいと思います。大崎上島は島の外周が約40km、人口8,500人ほどの橋のかからない離島で、近隣の町から船を使ってしか来ることはできません。レモンなどの柑橘栽培と造船が盛んなこの島で、私は生まれました。

　2014年、「山尻シェアハウスChikara」を始めたキッカケは、高齢化が進み若者がいなくなった集落に希望を灯したかったからです。開業から4年、シェアハウスは大崎上島に移住したい若者が、家を見つけるまでの一時滞在拠点として使われてきました。そんな島で生活するうえで誰しもが仕事を作る必要があります。大抵の場合、島の人たちにバイトをさせてもらったり、仕事をもらったりして島の方々と接することになるのですが、島という自然と共に生きるしかない環境は決して自分自身の思うようになりません。島の人たちは、そのことを知っているからこそ、心に強さとやさしさを持っていて、彼らと仕事を通じて接するなかで、自分の人生は自ら選択しているようにみえても、実は自分の人生は何かの一部のような感覚になってきます。「こう生きたい」と思っていた人生が、何かの流れに身を任せることで、思い描いていた以上の笑顔に出合える人生があることを、島の人たちは気づかせてくれます。

ゲストハウス"木江宿 庭火"
ゲストハウス きのえしゅく にわび

大切なコトを思い出せるゲストハウス

大崎上島の木江港から徒歩1分。木江宿 庭火は、かつての潮待ちの港にあります。宿では、出会った島の人や旅人とお互いの暮らしのことについて語り、やわらかな光に包まれる寝室は、ゆっくりした自分だけの時間も楽しめます。訪れた人が少しだけ、心温かくなって帰ってもらえる宿です。

住所｜広島県豊田郡大崎上島町木江242
電話｜080-3742-5649（予約受付9:00〜21:00　※時間外でもHPのメールフォームから予約可　※電話予約は2週間前から）
営業｜チェックイン16:00／チェックアウト10:00
HP｜niwabi-hostel.jp

ここに来ると決して自分の思い通りになんていかない。
でも、それも豊かさなんじゃないかって気づかせてくれる。

あるシェアハウスに訪れた女性は青森から愛媛に島を経由して行くはずが、ふらっと泊まったことから柑橘農家でバイトすることになり、島の農家さんと結婚し定住しました。またある男性は神奈川から一度訪れたシェアハウスで島の人たちとつながり、島のファンになったことで町の観光協会事務局長になりました。

みんな島に来る前は考えもしなかった道を歩んではいますが、来る前よりも多くの笑顔に出合うようになったと感じています。島の人たちのやさしさに包まれながら島という非日常に身を置くことで、私に流れていた深い心の声に耳を傾けることができる。そんなぜいたくな時間が、大崎上島には流れていると思います。

A. 2014年から山尻集落で島に若者を呼びこむために始めた山尻シェアハウス　B.「木江十七祭」に合わせて毎年開催するサイクリングイベント「大崎上島HAPPYライド」　C. 移住した若者たちがつくり上げた大崎上島観光案内所。観光客だけなく島の人たちも訪れ、自然と対話が生まれる　D. 2018年に中原観光農園のオリーブ園を使って、島の未来を描くような結婚式をつくり上げた

松本幸市のオススメ
訪ねておきたい大崎上島
― 1 ―

風待ちの観光案内所
大崎上島町観光案内所
おおさきかみじまちょうかんこうあんないしょ

2017年から始まった大崎上島町観光案内所。移住した若者たちが立ち上げ、旅人だけでなく地域の子どもから大人までが訪れ、温かい空気感に包まれる案内所です。「どこから来たの？」「何しにきたの？」島の人たちやスタッフと会話するなかで、自然と私がどこに向かおうとしているか導いてくれる不思議な案内所です。最近ではオリジナルグッズも人気。

住所｜広島県豊田郡大崎上島町東野6625-61
電話｜0846-65-3455
営業｜9:00〜18:00
休み｜正月1、2、3日のみ
ＨＰ｜osakikamijima-kanko.moon.bindcloud.jp/navi/index.html

観光案内

旅のエリア1 大崎上島

食文化

瀬戸内の叡智を食卓に届ける
岡本醤油醸造場
おかもとしょうゆじょうぞうしょ

親子4代にわたり、昔ながらの杉の木桶で醤油づくりを行う岡本醤油醸造場。30個の桶が並ぶ蔵の光景は圧巻です。案内してくれる岡本家の皆さんからは醤油づくりに対する愛と、それを仕事にしてきた誇りを感じ取ることができます。島の食卓を支え、瀬戸内の食文化を今に伝える醤油づくりは、私たちのアイデンティティを思い出させてくれます。

住所｜広島県豊田郡大崎上島町東野2577
電話｜0846-65-2041
営業｜9:00〜16:00
休み｜日曜、祝日
ＨＰ｜okamoto-shoyu.com

Osakikamijima

島の人たちの豊かな暮らしをのぞくなかで、たくさんの
やさしさと出合い、気づけばここが私の居場所になっていた。

　離島である大崎上島は、自然と人が調和した美しい瀬戸内海の暮らしを今に残し、それを次の世代に伝え、受け継いできた人たちが多くいます。そんな島の人たちがよく口にするのが「ご縁」という言葉です。ここには島の人たちが大切にしてきた「ご縁」をいただけるパワースポットのような場所がいくつかあります。

　また、最近では移住した若者や地元にUターンした方々も、島の人たちが伝え続けてきたメッセージを受け取り、新たな場をつくりつつあります。そんな大崎上島の「ご縁」をあずかりにいらしてください。帰りの船では、瀬戸内の海に沈む夕日を眺めながら、少しだけ笑顔が増えた自分に気づけると思います。

A. 島の生産者が集い開催するファーマーズマルシェイベント。「食」を通じて島の豊かさを伝える　B. 木造三階建ての住居が数多く残る木江地区。昔から続く瀬戸内の暮らしを体感できる　C. 島には5つの港があり、島の生活は今でも船とのつながりを無しには成り立たない　D. 2019年に開校した広島グローバルアカデミー叡智学園。広島の未来を担うリーダーがここから育っていく

松本幸市のオススメ

訪ねておきたい大崎上島
- 2 -

地球の鼓動を感じる展望台
神峰山山頂
かんのみねやまさんちょう

山

山頂から中四国山脈と、115の島々が一望できる標高452メートルの神峰山。海・山・里が一望できる景色は、かつて宮島の神様が社殿を構えようか迷ったといわれる絶景。瀬戸内の人たちが二千年守り続けてきた景色に、壮大な時間の流れを感じることができます。山頂付近の石鎚神社でおみくじを引いて、観音堂で鐘をならすのが島流。

住所｜広島県豊田郡大崎上島町中野
電話｜0846-65-3455（大崎上島観光協会）
営業｜夕方以降はイノシシ出没につき注意

お好み焼

島のやさしさがつまったお好み焼店
お好み焼き 上杉
おこのみやきうえすぎ

島のなかで一番歴史がある「お好み焼き上杉」は、かつて大分から嫁いで島に来たすみえちゃんが焼く島の味。お姑さんから引き継いだ飲食業を「実は、一番やりたくない仕事だったの」と、笑いながら話す彼女の周りには、不思議とたくさんの笑顔が集まってきます。カウンターの鉄板で焼くお好み焼は、体も心も温めてくれる隠れ家的なお店です。

住所｜広島県豊田郡大崎上島町木江5066-1
電話｜0846-62-0739
営業｜11:00〜18:00
休み｜日曜

旅のエリア1 大崎上島

Osakikamijima

わたしと大崎上島
Mioko Kanayama

日々の自分とは異なる本来の自分に気づかせてくれる。

大崎上島の未来は「心を大切にした本来の生き方、暮らしの原点」となると思います。大崎上島滞在中は本来自分が大切にしていた考え方や感情が溢れて止まりませんでした。普段、東京で過ごしていたときよりも感受性が何倍も研ぎ澄まされました。島のおばあちゃん手作りのお好み焼の味、海の音の心地よさ。無意識で「幸せ」と心の声が出てきました。そんな大崎上島からわくわくする未来を創るウェーブ（波）がどんどん大きくなっています。自分が大切にしていたことが「これだった」と気づかせてくれる、そんな島です。

A. やさしい色の夕焼けと心響く波の音を感じるひろしま里山ウェーブのメンバー　B. 気づくと店内が島の方でにぎわう愛のこもった上杉のお好み焼　C. 偶然と必然のご縁でつながった私の原点里山ウェーブ

金山実生子
かなやま・みおこ

新潟県長岡市出身の金山実生子です。実りある人生を生きる子という想いが込められています。カナダ、ルワンダ、ドイツ、チェコに訪れ、言語は違っても心でつながれることに感動しました。

わたしと大崎上島

Yuuki Touji

言葉にできない想いを言語化させてくれる。

「自分探しの旅に出る」という言葉があるくらい現代人は、自分を見失いがちなのだろう。私もその一人だった。大崎上島には、忙しい日々で思い悩んでいたときに訪れた。瀬戸内の美しい景色や島の方たちの言葉。ゆったりと流れる時間のなかで温もりに触れたとき、忘れかけていた大切にしたい想いを取り戻すことができた。未来の自分は今の自分が創る。自分を再発見して、未来へ進む活力を与えてくれた。その後、転職という大きな決断をすることになったのだが、自分で切り開いた未来を今は精一杯生きたいと思う。

A. 神峰山からの景色。ゆったりとした時間の流れを感じさせてくれる　B. いろんなご縁から実現した里山ウェーブ
C. 青い海と空、そして遠くに連なる山。大崎上島ならではの景色

田路裕基
とうじ・ゆうき

岡山県西粟倉村に今年から移住しました。美しい森に囲まれた環境で、ものづくりに携わっています。

Osakikamijima

未来を旅する案内人 ❶

平尾順平

ひろしまジン大学 代表理事

「今」の広島を、日々の営みの中から学ぶ。
広島人を先生とした学び舎。

　大学卒業後は東京で国際協力の仕事に就き、出張でさまざまな国を巡る充実した日々でした。でも、一度きりの人生、故郷である「広島」で何かしたいと、30歳の節目でUターン。母親が原爆による胎内被爆をしていることが、広島ですべきことがある、と感じた大きな理由の一つでした。原爆の「ヒロシマ」を、現在も含めた「広島」にアップデートしたい。そんな想いで、広島の過去や未来、そして「今」について学びあえる「ひろしまジン大学」を設立しました。

ひらお・じゅんぺい

1976年、広島市生まれ。学生時代に一年間世界を旅して歩いた経験から、国際協力の業界に就職。30歳で帰郷し、広島平和文化センター勤務ののち、「広島」を学ぶための市民大学「ひろしまジン大学」を設立。

バラナシで通ったラッシー屋。お互い片言の英語でいろんなこと話した

学生時代の1年間の旅。
世界遺産を訪れるよりも貴重だった経験とは……。

　学生時代、バックパックを背負い、世界中を旅しました。そのときに訪れた世界遺産や有名観光地。教科書で学んだ出来事があった場所を訪れ興奮しましたが、なぜか写真を撮る気にはならなかった。どこかガイドブックの答え合わせをしているようで、誰かの旅の経験をなぞっているようで、悔しい気持ちがあったのかもしれません。

　では、その旅で楽しかったことはなんだろうと、改めて記憶を巡らせてみました。

- シリアの市場の入口でおじさんとタバコを吸いながら交わした、たわいもない話
- バンコクの安宿でバイトをしていた

学生とのはやりのファッションや映画の話
・なじみになったデリーのチャイ屋の兄ちゃんと一緒に行った、ローカル食堂のご飯
・早朝の散歩中に立ち寄った、ガラタ橋近くのパン屋でのやりとり

思い返すと、地味で、普通で、ガイドブックには載っていないような出来事ばかり。でも、だからこそ価値がある。そのときの自分と、相手が居合わせたからこそできた、準備されていない唯一無二の「本物の」体験でした。

結局、あまりにも日常的すぎて、やっぱり写真は撮っていないため、今となっては彼らの顔はうろ覚えです（笑）。でも、それでいい。彼らと言葉を交わしたこと、一緒にごはんを食べたことは、気取りのない、そして今の自分に影響を与える、かけがえのない経験です。

A. 寝台車で丸2日同じ部屋だったパキスタン人のおっさん。やりとりはすべてジェスチャー　B. イランでは昼間は暑すぎるので、ピクニックはいつも夜　C. デリーの安宿のスタッフたちと。「おもてなし」とかを越えたところに新たな世界がある

Jumpei Hirao

地域の日常、
誰かの時間を共有する旅。
お互いが刺激し合い、
学びあえる旅の可能性。

A. 当たり前に存在している自然も、視点を変えるととてもすてきな宝物に　B. みんなで学び合うことで楽しさもぐんと増す　C. ジン大で運営する泊まれるオープンスペース「Machi+Goto」

さて、「未来を旅する」とはなんでしょうか？

周到に準備し、整え、構成されたものよりは、何が起きるか分からないもの。旅行者のために特別にしつらえられたものではなく、普段からそこで営まれている等身大の生活。地域の日常。

未来を旅するキーワードは「シェア（共有）」。私たちの日常を一緒に体験する。私たちの時間を旅人と共有する。名付けて「シェアリングツーリズム」。旅する側も受け入れる側も、共に楽しく刺激や学びのある旅。

そんな旅は、まずは街をのんびり歩くことから始めることができます。地図はあってもなくてもいい。猫のように行ったり来たりしながら、気ままに、時間をかけて。その地域の日常を感じながら。

未来を旅する案内人 ❶　平尾順平

広島オススメの一品

小イワシの天ぷら

小イワシの天ぷらや、アジの刺身など、ここに来ないと食べられないもの。広島人が普段からおいしくいただいているものをお薦めします。

Jumpei Hirao

未来を旅するスポット

世羅町
せらちょう

カフェ

雪月風花 福智院
せつげつふうか ふくちいん

**世羅の人と産品がつながる
ほっこり空間。**

住所｜広島県世羅郡世羅町甲山158-1
電話｜090-7286-9418
営業｜10:00〜17:00
休み｜火・水曜
ＨＰ｜facebook.com/fukuchiin.imakouya

A. 一枚板のテーブルには地元世羅産のお茶をはじめ、福智院こだわりのアイテムが並ぶ　B. 店主の故郷・三重県四日市でつくられる萬古焼の急須。丁寧に入れる世羅茶のお茶は3煎まで楽しめる

弘法大師が開いたといわれる今高野山。平安時代にはじまり、庄園経営の中心として寺社が建ち並びにぎわった場所です。世羅育ちの吉宗誠也さんは、自身が営む花観光農園の観光客が周遊できる拠点を作れば、街中にもにぎわいを呼びこめると活動をはじめました。空き家の持ち主を訪ね歩くなか、参道沿いに佇み、長く使われていなかった建物「福智院」が目に留まります。世羅全体の活性化を！

C. 参道を歩いた先に赤い福智院の暖簾がかかる玄関がある　D. 店主五十鈴さん（左）と千寄恵美さんが笑顔でお出迎え　E. 店主が実家から持ち帰った古い急須や湯のみ　F. 丹生神社へとかかる橋　G. 新緑に包まれる福智院

H. 暖簾は世羅の染物店さんによる手染め　I. 和室に敷かれた赤い座布団は店主の母親の婚礼道具だったそう

未来を旅するスポット　世羅町

という想いで、何度も足を運んで住職を説得し、2016年に念願の使用許可を得たのです。雨漏りの修繕、畳の入れ替え、水まわりの工事など1年ほどを費やして、地道に少しずつ植物を育てるよう丁寧に改修し、ようやく公開できる状態に仕上げました。

　農園業務が忙しくなった誠也さんの代わりに奥様の五十鈴さんはひらめきます。近くのお店と共存すべく世羅で栽培されたお茶を中心に、世羅の食材を生かした甘味を扱う和カフェとしてオープンしました。地域の人と共に地元の歴史や自然の勉強会やお茶を楽しむ会、味噌づくりツアーなど、旦那様の想いも引き継ぎ、地域と観光の拠点としての活動を広げています。ここをきっかけに周りにも少しずつお店が花開けば、そしてまた人の行き交う場所になればと、吉宗夫妻は取り組みはじめているのです。

未来を旅する
HIROSHIMA

旅のエリア 2
江田島
えたじま

広島、呉、宮島に囲まれたザリガニ型の島。
海軍兵学校の歴史を有し、日本有数の牡蠣の産地。
島の形以上に個性豊かな人々の生きざまがすてき！

ローカル・ガイド

江田島市

後藤 峻
ごとう・しゅん

広島出身。東京でのサラリーマン生活を経て江田島市へ移住。地域おこし協力隊として活動後、一般社団法人 フウドを設立。移住サポーター、コミュニティスペース館長、SUPインストラクター

「日常」に感じる小さな幸せ。
そんな感覚を旅人にもおすそ分けしたい。

広島出身の僕は、進学を機に広島を離れ、大学卒業後は東京で会社員として勤めていました。生まれ育った広島が好きで、20代のころから「30歳になったら広島へ戻ろう」と考えていました。また、学生時代から「島」が好きで、日本全国のいろいろな島を訪れてきました。そんな広島好き、島好きとして、広島の島に暮らしたいという思いが募り、江田島市に住むことを決めました。

江田島市に暮らして3年が経ち、当時は新鮮だった島の風景も今では日常になりつつあります。ただ、不思議なことに、そんな日常の風景に今もいちいち感動を覚えてしまいます。朝、海を見て「天気が良いな」と思ったり、車ですれ違う知人に手を振ったり、近所の人に野菜をもらったり、仕事帰りの夕日がきれいだったり、庭でたき火をしながら飲むビールがおいしかったり……。きっとそんな風景はよその里山にもあるのだろうけど、僕にとっては特別な日常の風景で、そんな日常に幸せを感じられるって、とてもありがたいことだと思うのです。そして、この「日常に感じる幸せ」を、訪れる人にもおすそ分けしたい。それが僕の考える「未来を旅する里山ツーリズム」。これまでにも、島を訪れた方々に僕の感じる日常の幸せに触れてもらってきました。僕にとっての日常は旅人にとっての非日常となり、そこに小さな幸せを感じてもらえることを実感しています。

旅のエリア 2 江田島

フウド
フウド

風が海を渡って土と交わる場所

夕日の美しい沖美町に、集会所を改修したコミュニティスペース「フウド」があります。風海土と書いてフウド。「風（外の人）」が「海」を渡り「土（地の人）」と交わる場所を意味します。個性的な人が出入りしているので、ふらっと訪ねると思いがけない出会いが待っているかもしれません。

住所 | 広島県江田島市沖美町畑997-2
電話 | 0823-69-8288
休み | 日・月曜

Etajima

「島に行ったら仲間をつくれ」⇒本当にそうだった。
友達100人できるかな計画始動!

　東京を離れるとき、とある小さな島のスーパーマンに「仲間をつくれ」とアドバイスをもらいました。そのときはあまり深く考えていませんでしたが、暇さえあれば集まって、年甲斐もなく夢を語り、困ったときには助け合う。そんな仲間ができた今となっては、本当に大事な助言だったなと実感しています。

　この島には魅力的な「モノ」や「コト」が多くありますが、尊敬する仲間や先輩方が一番の自慢です。僕を訪ねて来る人には、そんな仲間たちに遭遇してもらいます。そうするとまた友達が増え、再び会いに来てくれます。1万人が1回訪れるよりも100人が100回訪れる。そんなつながりを育てていきたいです。

旅のエリア2　江田島

A. 海の仲間たちと企画したビーチカルチャーイベントのワンシーン　B. 江田島ではクリスマスに海岸でゴミ拾いをすると、海からサンタがやってきてプレゼントをくれる　C. コミュニティスペース「フウド」では、スタッフや常連さんたちによる奇抜で楽しいイベントがしばしば開催される　D. 共に江田島を盛り上げようと切磋琢磨する地域おこし協力隊の仲間たち

Etajima

後藤峻のオススメ
訪ねておきたい江田島
- 1 -

海の上に浮かんでボーッとする
えたじまSUP
えたじまサップ

海

海の上を散歩するような感覚で楽しめるSUP（スタンドアップパドルボード）のプログラムを提供する「えたじまSUP」。穏やかな江田島湾を拠点にインストラクターが丁寧にレッスンしてくれるので初心者でも安心して体験できます。パドルを漕いでスイスイ進むのも癖になりますが、ボードの上に仰向けになって空をぼーっと眺めるのが最高のひとときです。

住所 | 広島県江田島市能美町中町 ヒューマンビーチ長瀬
電話 | 082-569-4617
営業 | 予約制

喫茶

行けば誰かに出会う喫茶店
かふェ渚
カフェなぎさ

三高港フェリー乗り場の目の前にある喫茶店「かふェ渚」。笑顔がすてきで、トークがおもしろいマスターとママが出迎えてくれるアットホームな居場所です。いつも常連さんでにぎわっているのに、初めてでもすっと入りやすい不思議なお店。行くと大体、知っている人に会います。島の情報も集まる場所なので、ぜひ一度訪れてみて下さい。

住所 | 広島県江田島市沖美町三吉2717
電話 | 0823-47-0016
休み | 月・火曜

島人から学び成長する。
旅を通じて「一皮むける経験」を贈ります。

　魅力的な島の人を紹介する「江田島人物図鑑」という冊子とWEBサイトがあります。そこで紹介する人は、みんな確固たる信念を持って生業を営んでいるので、取材するときはできるだけ根掘り葉掘りお話を聞くようにしています。実はこの取材が自分にとっても、ものすごく刺激的な経験になっていて、制作を通じて一皮もふた皮もむけてきたように思います。江田島人物図鑑に限らず、島で会う人や出来事に、学び・成長・癒やしといった感覚を抱くことがしばしば。きっと人が「旅」に求める感覚も似ていて、一言で言うなら「一皮むける経験」なんじゃないでしょうか。そんな経験をお届けしたいのです。

A.「牡蠣一筋」のマルサやながわ水産の柳川政憲社長。生産者としての姿勢にいつも魅せられる　B. 陶芸はもちろん陶芸以外の話が、実はためになる沖山工房の沖山努さん　C. 全国に2件しかない紙布(紙で織られた壁紙製品)をつくっている津島織物　D. 創業70年以上完全天日干し製法を続ける迫製麺所。兄弟で製麺業を切り盛りしている

Etajima

後藤岐のオススメ

訪ねておきたい江田島
- 2 -

車屋さんの絶品サツマイモ
てくてくのさつまいも本舗
てくてくのさつまいもほんぽ

車の板金塗装業を営む峰商事さんは、サツマイモ農家でもあり、耕作放棄地を開墾して育てたサツマイモからスイーツや菓子、芋焼酎などをつくっています。「考えるな、感じろ」が口癖の井上峰志社長は、僕が尊敬する島人の一人です。また、店長ホリベエのほんわかしたおもてなしも個人的にツボです。

住所｜広島県江田島市大柿町大原261-1
電話｜0823-40-3399
休み｜火・水曜

スイーツ

旅のエリア2 江田島

農園

オリーブへの愛と情熱
川口農園きゃとりーぶ
かわぐちのうえんきゃとりーぶ

江田島市が力を入れているオリーブ。そのオリーブ栽培者の看板娘的な存在が川口利恵さん。お気に入りの場所は「オリーブの木の下」というほどオリーブへの愛と情熱に溢れています。農園では1日1組限定でオリーブを使ったワークショップも楽しめるし、何よりも川口さんとお茶を飲みながら交わすトークが一番のお薦めです。

住所｜広島県江田島市能美町鹿川2215
電話｜090-5709-8002
休み｜月・木曜

わたしと江田島
Kie Katsuragi

非日常的な魅力の中で、日常を生きる島。

BBQ（バーベキュー）の買い出しで行ったスーパー藤三の、自動ドアを出たところから見た、少し雲がかかった夕日、その前にたたずむどっしりした山、その山が映る広い海、それから、夕日に照らされてキラキラした雨上がりのアスファルト。夜ごはんのとき、地域おこし協力隊の方が揚げてくれた柳川水産のカキフライ。塩をひとつまみ振っただけで、カキフライの概念が変わる食感。

「ひろしま里山ウェーブ」の体験プログラムで行った江田島。SUPも、オリーブの植樹も、とても楽しかったけれど……島での体験を思い起こすとき、いつも最初に頭の中に浮かんでくるのは、なぜかそんな、あまりにふとした、あまりに日常的な景色や感覚です。

江田島の魅力は、きらきらした大自然であり、おったまげるほどおいしい食べ物であり、そういう驚きのなかで「日常」を生きている最高に面白い人々。

そして、それらの魅力が、さらに日常に近い広島市から30分で体感できる。そんな、最高の島でした。

A. 寝転がってまじめなミーティング（笑）。この自由さも江田島らしさ
B. カブトガニの裏側を見て子どものような顔でのぞき込む里山ウェーブのメンバー　C. 移動中、ふと何気なく車窓から眺めた風景が心に残る

桂木きえ
かつらぎ・きえ

1992年生まれ。東京出身。2015年大学卒業後、メーカーに就職。突然の広島への転勤から、広島市での3年間の生活を経て広島愛が醸成される。会社員を続ける傍ら、WEBライターとしても活動中。

わたしと江田島

Masashi Naito

「新しい挑戦をくれた場所」それが江田島。

　学生時代より、ずっと長野県で過ごしてきた私でしたが、父の定年を機に、広島へのUターンを意識するようになっていました。どうせなら、広島の環境が一番の強みになる農業を、と選んだのがレモン栽培です。

　江田島に到着すると、潮風の香りと、島の温暖な気候が迎えてくれて、畑仕事のスイッチを入れてくれます。

　江田島では、牡蠣、オリーブ、柑橘、新鮮な魚介類といった、さまざまな食材が手に入る。その食材のバリエーションを考えてみると、国内では、江田島はとても恵まれた環境にあると感じます。

　生産者を目指す私にとっては、その食材の宝庫である江田島が、これから面白い未来を照らしてくれると信じています。

　江田島に旅をするなら、その時季の旬な食材を探してみるのも、面白いかもしれません。

A. 潮風の香る風景。畑仕事のスイッチが入る　B. レモン農家デビュー。畑に通うのが楽しみで仕方ない　C. 江田島の西海岸、沖美町の夕日もいい

内藤昌史
ないとう・まさし

東広島市生まれ。2018年春に長野県からUターンし広島市内で働く。普段は市内のコワーキングスペース運営を行いながら東京のweb制作の仕事を両立。週末は江田島に借りている農園でレモンを育てる

Etajima

未来を旅する案内人 ❷

中部直哉

未来を旅する編集会議 副編集長

地元目線では気づきにくい魅力を
俯瞰で見つけるおもしろさ。

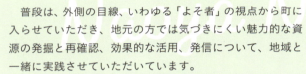

　普段は、外側の目線、いわゆる「よそ者」の視点から町に入らせていただき、地元の方では気づきにくい魅力的な資源の発掘と再確認、効果的な活用、発信について、地域と一緒に実践させていただいています。
　そのなかの一つ、広島県江田島市。広島市内からほんの1時間ほどで行ける島で、かきやオリーブといったグルメや、穏やかな瀬戸内海で楽しむSUP、海の生き物観察など、心と体のワクワクが止まらない大好きな場所です。

なかべ・なおや

1985年生まれ。山口県生まれ、広島県育ち。西日本を中心に、官公庁や自治体の観光まちづくりやプロモーションを展開中。株式会社FRASCO取締役。

A. 大崎上島町に初上陸した日に見た夕日。何だろう……心地よすぎて吸い込まれるように海に向かって行った自分に驚いた(笑)
B. 海も好きだけど山もやっぱりいいなぁ、と改めて感じさせてくれた東広島市の里山でのひとコマ

会いたい人がいることで
旅の価値って何倍にも引き上がる。

　学生時代、大学祭の企画・運営から学んだ「誰かに喜んでもらいたい」という経験が私の活動ベースだったはずが……。数年前までの私は、学生時代の想いもどこかに置き、置いたことも忘れ、追いかけてくる日常を消化することに一生懸命になっていました。一方で、「このままで良いのかな」「何がしたいんだっけ」という、未来への漠然とした不安や問いは頭の中をぐるぐる回っている、そんな日々を過ごしていたように思います。

　しかし、そんな日々を変えてしまう出

来事が、ある日突然やってきました。たまたま仕事で訪れた、広島の里山。そこに暮らす人や関わる人たちと出会い、時間や場所に左右されない働き方や暮らし方を目の当たりに。当時の私にはその姿がとってもまぶしく、豊かに見えて、少々大げさに聞こえるかもしれませんが、私自身のこれからの生き方というか、人生観を大きく変えてもらえたような、そんな心地よい衝撃を受けたのです。例えるなら、頭の中にある種のフィルターのようなものがかかった感じで、目に映るものや耳に入ってくる情報を自分にとってのプラスに変換できるようになった、そんな変化が起こった感覚です（分かりづらい……!?）。

この経験が私にとって「未来を旅する」ことだったのかな、と旅の終わりにふと気づかされました。そして、この経験があったことでたくさんの会いたい人ができたことがうれしく、これまで出会ってきた人も含めて、会いたい人がいることで旅の価値って何倍にも引き上がるんだろうな、という気づきは「未来を旅する」ということを考え、実践していくうえでとっても重要な部分だと感じて

波の穏やかな江田島湾はビギナーにもやさしい。仲間とわいわい楽しむSUPは最高の一言に尽きる！

A. マリンな飾り付け一つで飲み会の雰囲気はGOODなものに♪
B. ただただボーーーッと眺めているだけで満たされる不思議でぜいたくな景色

います。
　自分の未来のことを真剣に考える時間が大切なことは分かっているけれど、いざとなるとなかなか難しいのも事実……。そんなときは、広島の里山へふらっと足を運んでみてください。これまでの旅では経験できなかった学びを得ることがで

き、里山ならではの暮らしの知恵に触れるなかで、新たな気づきを感じ取ってもらえることでしょう。自分のこれからに悩んだら広島の里山へ。自分自身と向き合うためのきっかけをくれる広島の里山には、不思議なパワーがありますよ。

広島オススメの一品

器からはみ出る、絶品あなご天丼
1,480円

広島名物のあなご。ボリューム満点、ふわっふわの身がたまりません。ぜひ、かきいかだの浮かぶ瀬戸内海と島々を眺めることのできるテラス席でどうぞ。店員さんを呼ぶための太鼓があるなど、遊び心も楽しいお店です。

合正ガーデン
がっしょうガーデン

住所　｜広島県江田島市沖美町三吉2-1
電話　｜0823-47-0300
営業　｜8:00〜22:00
休み　｜不定休
駐車場｜あり（3台程度）

東広島市
ひがしひろしまし

未来を旅するスポット

地域活性化拠点

豊栄羊毛
とよさかようもう

丁寧すぎる暮らしに寄り添うひつじと人と

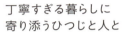

住所｜広島県東広島市豊栄町清武1955-1
受付｜土曜13:00〜15:00（メールでの事前予約優先）
休み｜日〜金曜
HP｜instagram.com/toyosakawool/
　　facebook.com/豊栄羊毛-2226039437415132/
　　toyosakatanemaki.blogspot.com
mail｜toyosakawool@gmail.com

C. 黙々と作業を続けるなか、不意に羊毛について笑顔で語るリーダー山田さん　D. ひつじの毛を染め上げてつくるカラフルなフェルト作品　E. ひつじたちの毛刈りから作品作りが始まります

A. チームSEEDING（シーディング）のメンバーが手作業で紡いだ毛糸。豊栄羊毛の昭和レトロなロゴもメンバーが作成　B. ふわりと柔らかい手触りがなんとも温かい手編みの品

　田んぼの草を食むためにご近所さんが飼いはじめたひつじ。その毛を何とかしてほしいと、山田芳雅さんが依頼されてはじまったのが豊栄羊毛です。

　手軽にニット製品が手に入る時代だからこそ、時間も手間暇もかけた温かいものづくりの楽しさや大切さを伝えたい。その想いから糸紡ぎ体験、またはオリジナルマスコットのしーちゃんフェルトづくりの2つのプログラム（各2,300円最大80分）が作られました。古民家をDIYした東広島のほっこりとした空間で、自分の手を使い糸を紡いだり編んだりするぜいたくなひとときを過ごしてみてはいかがでしょうか。

未来を旅する
スポット

大竹市
おおたけし

A. 木のぬくもりが感じられる1階のカフェ「plus good day」。入口では、地元野菜の無人販売を週1回実施
B. お薦めは地元の取れたて野菜を使ったランチ。ほかにも自家製スイーツやドリンクが楽しめる

[地域活性化拠点]

98base
くはちべーす

まちあそびの拠点で
広がる交流の輪

住所｜広島県大竹市玖波1-6-2
電話｜0827-28-5893 (plus good day)
営業｜9：30～17：30／土曜、祝日 9：30～16：30
休み｜水・日曜　※その他不定期
ＨＰ｜facebook.com/98base/

C. 築70年の空き家で基地をつくったPiNECoNeS（パインコーンズ）のメンバー6人　D. 見た目は普通の一軒家。初めて訪れる人は思わず見逃してしまうことも　E. カフェの入口に飾られているワシの看板は地元の大竹和紙で作成

　玖波駅から徒歩2分。住宅街の一角に佇む古民家。「ここにお店があるんだろうか」と戸惑ってしまうような外観に、そっと足を踏み入れると、奥にはおしゃれな空間が広がっています。ここは「まちあそびを楽しもう」と、6名の女性たちが立ち上げた、まちあそびの基地です。ひとめぼれした古民家をDIYリノベーションし、1階が事務所兼カフェ「plus good day」、2階がデザイン事務所「osaji」となっており、定期的にイベントを開催し、「ひと・もの・情報」が常に行き交う交流の場となっています。人と人の出会いで生まれた大竹の秘密基地で、新しい出合いを見つけてください。

未来を旅する
HIROSHIMA

旅のエリア 3

音戸
おんど

多くの船が行き交う海の要衝「音戸の瀬戸」。
高齢化が進み、空き家が多かった通りには
アトリエやカフェ、人の絆が生まれている。

ローカル・ガイド

呉市音戸町

数田祐一
かずた・ゆういち

1983年3月28日生まれ。東京工科大学メディア学部卒業。(有)数田呉服店5代目。地元の音戸で家業を受け継ぎ、新業態を加えた店舗を運営。音戸を気に入ってくれた人のサポートも行う。

先祖から受け継いだものは建物だけではありませんでした。
そこには数田家の想いがありました。

「祐一は可愛ぇ5代目の跡取りじゃけんのぉ」祖父母の声が今も耳に染みついています。両親は僕のことを跡取りとは言いませんでした。恐らく息子の可能性を、この狭い地域に閉じ込めようとは思わなかったのでしょう。音戸の瀬戸は、平清盛が切り開いた扇の伝説が残る場所です。1882年、この地に創業した数田呉服店の長男として僕は生まれました。もっと広い世界を見たくて東京の大学へ。その後、ボストンに1年間留学しました。20代のころは音楽で生計を立てたいと夢に向かってまっしぐらで、帰国しても音戸に住もうとは考えもしませんでした。

転機は、祖母の弱っていく姿でした。お店を切り盛りする祖母と母。年が経つにつれ商売は介護へと切り変わっていきました。「このままではいけない」僕のなかに眠っていた5代目の血が騒ぎだしました。この古い建物をどうやったら生かせるのか。家族でとことん話し合い、視察をし、プランを練りました。お店のコンセプト、内装、調度品、家具に至るまで綿密な話し合いを幾度となく行いました。

アイデアの根源は、いつも4代目の父が担ってくれました。古いものを生かし、新しいものを取り入れる。全てにおいて調和がとれ、来ていただいた人に感動を届けたい。そんな想いを持って、先祖から受け継いだ古商屋を思い切ってリノベーションし、2012年3月に「天仁庵」としてスタートしました。

旅のエリア3 音戸

天仁庵
てんじんあん

島での暮らしから見えてくるもの

地産地消、身土不二(しんどふじ)を大切にランチなどを提供する「Café Shunpu」、若手作家の作品を販売す「Craft&Gallery ゆらぎ」、おしゃれを楽しむ婦人アパレル「Rita」、家業のきもの「かずた」の4部門からなる複合ショップ。2階スペースでは、不定期で展示会などを開催している。

住所 | 広島県呉市音戸町引地1-2-2
電話 | 0823-52-2228
営業 | 10:30〜18:00
休み | 木曜
ＨＰ | tenjinan.jp

宇宙の法則に従って自然を大切にし、人を思いやる、そんな人たちが集まる場所。

　車が通るメイン道路から一本中道に入れば、古い町並みがあります。そこにひっそりと佇む建物が「天仁庵」です。白色の漆喰壁、波風をイメージしたウインドー、海の泡を表現したガラス球は訪れた人の心をつかみます。店内ではゆったりとした雰囲気のなか、コイが泳ぐ日本庭園を見ながらカフェが楽しめます。

食品や雑貨などの商品も並び、お土産にも最適です。最初はこんな田舎の店に足を運んでくださるのか心配でしたが、今ではたくさんの人が訪れてくださるようになりました。また、「空き屋をアトリエにしたい」と画家や陶芸家などが、そして「音戸へ住みたい」と言う人も現れて、少しずつ地域が変わり始めています。

旅のエリア3　音戸

A. 築130年余りの建物、天仁庵の外観　B. 外壁にはガラス球作家の作品が埋まる　C. 店内には約15名の作家作品のほか、雑貨、服飾、食品などの商品が並ぶ　D. 呉服屋らしい色彩で一品ずつ丁寧に手づくりされたShunpuランチが人気

数田祐一のオススメ
訪ねておきたい音戸
― 1 ―

優しくて細やかな大男
井田英夫 ｜ 新潟県出身の画家
いだ・ひでお

彼との出会いはボストンでした。引地の空家を自宅とアトリエにしている彼は「描きたい風景が音戸にはたくさんある」と言う。「音戸にいて嫌な思いをしたことがない」とも。目に見えるもの、身近なものを独自の視点で描く。その素朴さがなんとも味わい深い。彼の描いた音戸の絵が天仁庵で製造販売する食品パッケージにデザインされている。「音戸ちりめんとかつおぶしのふりかけ」には音戸渡船と天仁庵の日本庭園が、「音戸ちりめんせんべい」には音戸大橋と音戸の瀬戸がそれぞれ描かれている。天仁庵に行けば彼と出会えるかも。

人物

旅のエリア3　音戸

まるで母のような安心感
山本 馨 ｜ Anneau店主
やまもと・かおり

人物

天仁庵のオープニングスタッフだった彼女は、天仁庵の斜め前で雑貨店を始めた。もともと雑貨店で働いた経験があり、料理や菓子作りも好きなので、天仁庵で働いてくれた。同い年の僕は、彼女のいつ何時でも動じない落ち着いた芯のある風格に、いつも脱帽するのだ。すてきな雑貨やかわいいアクセサリーが彼女のセンスをうかがわせる。

住所｜広島県呉市音戸町引地1-5-52
ＨＰ｜facebook.com/anneau919
※不定期営業　Facebookをご覧ください。

初めから仲間がいたわけではありません。
これは積み重ねたご縁と月日があったからこそ。

　僕たちは月一回、井田さんの家に集まります。その名も「月一会」。もともと画家の大男にたらふくご飯を食べさせ、栄養をつけてもらうために仲間で鍋を囲み集まっていました。この時間がとにかく幸せで楽しいのです。それぞれの夢や悩みを共有し、屈託のない意見を交わします。その場にいる皆が同志なのです。

目の前には音戸の瀬戸、船が行き交います。それを眺めながら音戸のお酒を飲むなんて、何とぜいたくなことでしょうか。そしてまた自分の持ち場（仕事）に帰って行きます。皆、今ここに生きている者同士、心を通わせ、互いを高め合い、豊かな人生を育んでいく。そんな価値観を持ってここに人が集まってくるのです。

旅のエリア3　音戸

A. 夏場の月一会の様子。炭火をおこして食材を焼き、仲間と語らう　B. 音戸の瀬戸を行き交う船を眺めながらの堤防Bar　C. 画家・井田英夫のアトリエの壁に貼られたスケッチ画　D. 第二音戸大橋のふもと、高台から眺めた音戸の瀬戸

写真提供（A、B）：石田しんじ

Ondo

薮田祐一のオススメ
訪ねておきたい音戸
- 2 -

Natural & Organic
天仁庵Diminish
てんじんあん ディミニッシュ

2018年12月にオープンしたケーキと洋菓子のお店。「上質な時間を過ごす」をコンセプトに、手づくり・できたて・無添加で子どもから大人まで安心して食べられるお菓子を中心に取りそろえている。パティシエールが作った、心のこもったおいしいスイーツをテークアウトでき、天仁庵でカフェの利用もできる。その他、チョコレートやオーガニック食品も並ぶ。

住所｜広島県呉市音戸町引地1-1-25
電話｜0823-52-2228（天仁庵）
営業｜11:00～17:00（売り切れ次第、終了）
休み｜水・木曜
HP｜facebook.com/tenjinandiminish/

スイーツ

旅のエリア3 音戸

限りあるこの命を僕たちはどう使って行くべきなのか？

　僕は、自分の周りを一番大切にしたいと常々思っています。自分たち（家系）のルーツ、町の歴史と文化を知り、自分たちが好きなことで何をやるべきなのかを深く考え、行動することが未来を作りだします。天仁庵をやったことで、頭のなかにあるアイデアや創造したものを町のなかにアウトプットして、人の目の前に形として出すことがとても重要であると気づきました。ぜひ今、足元にあるものに価値を見出してみてください。誰もが各々の内なる潜在能力に気づき、発揮する力を持っているはずです。人にはそれぞれ役割があり、誰もがその価値を世の中に示せるのではないでしょうか。ぜひ、音戸へ足を運んでみてください。

わたしと音戸

Yoshinori Akagi

大切なひとを、連れていきます。

味、価格、立地。お店で食事をするときに欠かせないポイントが誰にもあって、それが僕の場合は「空間」です。居心地と言った方がいいかもしれません。落ち込んでいるときはにぎやかなお店に、疲れているときは静かなお店に、そして大切な人を連れて行くときは自分の好きな「空間」のあるお店に向かいます。広島市から車で1時間、波の音がやさしい音戸町。天仁庵はそんな「空間」のあるお店。やさしい笑顔の数田さんが作り出す「空間」が好きで、今日も僕は天仁庵に向かいます。

嫁さんと息子を連れて。

A. 音戸大橋のふもとの中道。左手は天仁庵、右手は天仁庵ディミニッシュ　B. 音戸渡船、乗船桟橋からの眺め　C. 神社と寺を結ぶ路地のような参道

赤木義則
あかぎ・よしのり

1982年、広島県生まれ。「あひるの空」とゆずの「夏色」とチキン南蛮を愛する一児の父。瀬戸内を盛り上げるために日々奮闘するも、泳げないのがタマニキズ。どちらかといえば、つぶあん派。

わたしと音戸

Saki Yamamoto

天仁庵は心豊かな人がたくさん集うやさしい空間。

「そこへ帰りたくなる場所」これが私にとっての天仁庵です。一歩足を踏み入れたときに感じた、まるでいつも訪れている場所かと思うような温かさ。数田さん一家や、天仁庵を中心に音戸に集まる方々との交流の中にも、その温かさは溢れていました。コンセプトに込めた想いが本当に形となり、心豊かな人がたくさん集うやさしい空間。自身も第二の故郷として何度も訪れたくなるこの場所と、これからもっともっとたくさんの人が出会っていくことを思うと、本当に幸せな気持ちになります。

A. 4期ひろしま里山ウェーブ、呉市の現地実習での月一会参加　B. 参加メンバーとの記念撮影　C. 倉橋島から眺めた夕日

旅のエリア3 音戸

山本 咲
やまもと・さき

山形県酒田市出身。学生時代より「まちづくり」に興味を持ち、将来実家の宿を活用したまちづくりをすることが夢。4期ひろしま里山ウェーブに参加し、呉市各地区を訪れ感銘を受ける。

未来を旅する案内人 ③

瀬戸麻由
シンガー・ソングライター

Ｕターンして改めて向き合う地元。
歌作りのなかでその魅力を再発見。

　呉市出身の私は、小さなころから「地元」が大好きでした。大学進学で上京してからは、広島以外のさまざまな地域に触れる機会に恵まれて、自分以外の誰かの「地元愛」に敏感になり、地域のすてきな部分を見つけては歌を作るようになりました。社会人3年目に広島にＵターンすることを決め、広島市内のカフェで働きつつ、改めて大好きな「地元」に歌を通して向き合うことに。10代のころには見えなかった地域の魅力に、日々ワクワクしています。

Mayu Seto

せと・まゆ

1991年生まれ。広島県呉市川尻町出身。旅と地元をこよなく愛する。現在は広島を拠点に、音楽活動のかたわらで「Social Book Cafe ハチドリ舎」で広島と人と世界をつなぐ場作りに挑戦中。

A. 地域の人にとってはただの日常風景でも、旅人目線では特別に見えたりする　B. 下蒲刈島のカフェで、歌を作るためのヒアリング。話していると一人、また一人と自然に人が集まるすてきな場所

未来を旅する案内人❸　瀬戸麻由

地域の日常のなかにある、観光名所以外の「何か」を探す旅。

　地域の歌を作るとき、ガイドブックに載っている名所のような、分かりやすい魅力だけを詰め込むだけじゃない「何か」を探しながら、その土地を巡ります。その土地に住んでいる人にとっては当たり前のことも、外から来た私の目には珍しかったり、興味深かったり。案外、その地域の日常生活のなかに面白い「何か」が転がっていることが多い印象です。

　実家のすぐそばの下蒲刈島を訪れたときは、石畳のある風光明媚な景色や歴史ある建物の数々だけではなく、そこに暮らす人の等身大の想いや、何気ない会話に染み出す地域への愛情に、宝探しのように目を光らせ、耳をそばだてていました。

　見つけた宝物を歌にして発信することが、私なりの旅の仕方かもしれません。

Mayu Seto

見つけた魅力を「自分なりに発信」することが、
旅をもっと豊かにする。

　旅先で見つけた魅力を自分なりの表現に転換することは、何も特別なことではないように思います。写真を撮ったり、SNSに一言つぶやいてみたり、さまざまな方法で、旅で見つけたものをアウトプットする人はどんどん増えています。

　一方で、ガイドブックに載っている写真そっくりの写真や「映える」写真を撮るのではなく、自分なりのストーリーを見つけることが旅をより特別にするのではないでしょうか。これまで自分が生きてきた道のりを踏まえて、そこにいるからこそ見つけられる宝物。「旅先で出会った現地の人に、自分の見つけた魅力を伝えてみる」というのも、発見と交流が生まれるのでお薦めです。小さな発見を通して、いろいろな人と人生が交差する感覚を味わえるのが旅の醍醐味ですね。

A. 作った歌を地域の小学生のみなさんに聴いてもらえることに。歌になるくらい魅力いっぱいの場所だと地域の人にも気づいてもらえたら　B. 島の道端でふと見つけた柑橘類。見ているだけで元気になる色

「完成されていない」
からこそ、自分だけの宝物が
見つけられる場所。

　地元近くにあるとびしま海道に大きな魅力を感じるのは、「観光地」として完成された場所ではないからこそ、自分だけの宝物を発見しやすいと思うからです。
　橋を渡るごとに変わる各島の風土や、天気によって表情を変える海や山の色、季節によって違う畑の果実、これから少しずつ面白い取り組みが始まりそうなワクワク感があります。訪れるたびに「今回は何を見つけられるかな」と、新鮮な気持ちを味わいつつ、回を重ねるごとに不思議な愛着や、懐かしさを感じる場所です。ぜひ、あなただけの宝物を探す旅をしてみてください。

A・B. 野呂山から見下ろしたとびしま海道。夕日にも青空にもよく映える　C. レモンに代表される柑橘類はとびしま海道の名産品

未来を旅する案内人❸　瀬戸麻由

広島オススメの一品

れもんげ／390円（税別）

「愛とレモンで島おこし」を合言葉に、とびしま海道の島々で収穫されたレモンが使われているメレンゲ菓子。一口食べると、口の中にレモンの香りがふわ〜っと広がる、旅の思い出のおすそ分けにぴったりのお土産です。

とびしま柑橘工房
とびしまかんきつこうぼう

住所｜広島県呉市川尻町西5丁目1-5
電話｜0823-87-6111（カフェ）／
　　　090-7378-0441（ネットショップ）
mail｜lemon@tobishima.hiroshima.jp
ＨＰ｜tobishima.hiroshima.jp

Mayu Seto

未来を旅するスポット

安芸太田町
あきおおたちょう

旅

鉄学入門
てつがくにゅうもん

広島の源流を見つけに行く
鉄を感じる社会科見学。

監修｜奥安芸の鉄物語たたらの楽校実行委員会
　　　（代表：林俊一）
住所｜広島県山県郡安芸太田町加計337-1
電話｜090-6831-1173
ＨＰ｜fuuen.com/TAG/index.htm

A. 本業は陶芸家の林俊一さん。"鉄を感じる"陶芸体験・調理体験などのプログラムを提供している
B. 林さん考案のTATARA鍋は、地中海料理と相性抜群

　言わずもがな、安芸太田町の「太田」とは、西中国山地から瀬戸内海へそそぐ一級河川・太田川のことを指します。
　中世のころ、現在の安芸太田町がある太田川上流域では「かんな流し」が盛んでした。かんな流しとは、土中に含まれる微量の砂鉄を採取するために、山を崩し、大量の土砂を流す作業の名称。その過程で、斜面には棚田が、河口にはデルタが形成されました。そのデルタの上に

C. NPO法人三段峡－太田川流域研究会(通称さんけん)の本宮炎さん
D. 三段峡にも落ちているカナクソ(スラグ)は、かつてこの場所でたたら製鉄が行われた証　E. 立ち止まって、振り返って、想像して。熊南峰の気持ちで三段峡を歩こう　F・G.「安芸太田町勝手に観光大使」の大倉啓司さんがいる加計印刷には、古い活版印刷機が残っている

H. 井仁の棚田を一望できる「棚田カフェ　イニミニマニモ」の人気メニュー「一合寿司ミニ」　I. 店主でデザイナーの友松裕希さん。筆者と同じく、元・安芸太田町地域おこし協力隊

未来を旅するスポット　安芸太田町

創られた街が、現在の広島市中心部です。

江戸後期には、太田川上流域の「たたら製鉄」が最盛期を迎えます。造られた「銑鉄」は、加計の積出し港から太田川を下り、ブランド品として全国へ流通しました。同時に、鋳物や針など、鉄に由来する製造業が広島に多く誕生しました。現在の広島を象徴する造船・自動車産業にも、安芸太田町のDNAを感じ取ることができます。

広島の源流は……

本書のテーマに反して、あえて過去を旅するご提案です。昔があるから今がある。今があるから未来につながっていく。広島のものづくり産業は安芸太田町から始まった。安芸太田町の今は広島の未来。信じるか信じないかはあなた次第です。

河内佑真◎かわち・ゆうま
元・安芸太田町地域おこし協力隊
facebook.com/yuma.kawachi

Akiota　57

未来を旅する
HIROSHIMA

旅のエリア 4

湯来
ゆき

かつては広島の奥座敷。
温泉を中心とした多様性溢れる町へ。
目指すは世界一のZATTA THE WORLD!

ローカル・ガイド

広島市佐伯区湯来町

佐藤亮太
さとう・りょうた

愛知県岡崎市出身。東日本大震災をきっかけに広島へIターン。カフェを経営しつつ、農林漁業全般的に生産者であり体験プログラムを行う。趣味は、温泉、クラフトビール巡り、サッカー観戦。

Yuki

多様性に溢れ、お互いを理解し合える社会は、
自然とも共存する日本の田舎だからこそ生み出せるはず！

　湯来温泉。広島市中心部から車で50分。かつては広島の奥座敷として栄え、10軒以上の旅館が軒を連ねたこの街も、今では旅館が2軒のみという寂れた温泉街になっています。いや、なっていた、と言い換えられる日も、実は遠くないのかもしれません。湯来町では、未来へ向けた新しい息吹を、あちらこちらで感じることができます。

　はじめまして。佐藤亮太です。僕が湯来に引越してきたのは、2014年の4月でした。湯来の中でも最奥部、上多田という人口100人ほど、リアルなカカシが170体も住む（？）小さな集落に住んでいます。僕が湯来の可能性を感じたのは、自らの結婚式「いなかウェディング」をプロデュースしたときです。参加者が集落での暮らしを実感でき、地域の方が講師の「田舎体験」を盛り込んだ1泊2日のツアーによって、温かく、でも刺激がある交流がそこにはありました。そして僕は、混ぜたりつなげたりするのが好きなんだなぁ。そして、そこから新しい可能性が生まれるのを見るのが大好きなんだなぁ、と気づきました。

　田舎と都会を混ぜたいし、日本と世界を混ぜたい。「ZATTA THE WORLD」。もっと多様性に溢れ、理解し合える社会って、自然と共存した生き方をしている日本の田舎だからこそ生み出せるのでは、と思っています。そして、その先にある「平和」な世の中をつくるには、広島に大きな役割がある、と。広島の田舎は可能性の塊なのです。

カフェも宿も魚の養殖場もある集落

湯来の秘境「上多田」。広島市だけど雪が50cm積もる。ここより上流には人が住まず、標高も500mあり、お米は絶品。チョウザメ（キャビア！）とほんもろこという特産品もある。宿が6軒もあり、カフェでのんびりもできる。美しい清流も流れ、滝巡りもお薦め。何より人が温かい。

異質なものが入り込めるスペースと、
それを生かす度量と場。

「混ざる」には異質なものが入り込める余地が必要です。僕がここに暮らすのは、地域の人たちが、まずはやってみたら？　と異分子の僕を受け入れてくれるから。ときには叱ってくれ、でも応援してくれます。海外の人が一定期間「暮らす」ようになってきているのですが、最初は驚きつつも、いつしかそれが当たり前の光景となり、地域の方も楽しんでいます。「こんな人生の最後に国際交流できるとは思わなかった」って（笑）。そして、混ざりやすくするためのカフェがあり、泊まれる拠点もできました。来て、泊まって、通って、暮らしてみる。そんなステップを踏めるようになりました。まずは気軽に混じりに来てみませんか？

A. いなかウェディングの様子。地元住民60名、外から若者60名。老若男女入り混じった最高の場に　B.「WWOOF」を活用して滞在する外国人とのカフェでの交流会の様子　C. リアルかかし。夜はもっと不気味で、肝試しにはうってつけ。県外から見に訪れる人も　D. 集落で養殖されているチョウザメは、キャビアも含め町内の直営店「サメサン」で味わうことができる

佐藤亮太のオススメ
訪ねておきたい湯来
- 1 -

田舎と都会と世界が混ざるカフェ
田舎café おそらゆき
いなかカフェおそらゆき

カフェ

僕が経営するお店です。「人生で忘れていたものに気づけた気がする」って言われたお客様がいて、常にそんなお店でありたい、と思っています。お店を外国人が手伝ってくれることも多く、いろいろな対話が生まれ、まさに混ざる場に。休日には広島市内からたくさんのお客様が来られ、1時間以上待ちということもあるので、ご予約をお薦めします。

住所｜広島県広島市佐伯区湯来町多田599
電話｜0829-85-0855
休み｜月・火曜（変更の場合あり）

旅のエリア 4　湯来

おっちゃん手作り広場と民泊施設
奥湯来田舎体験ハウス／
くもで交流広場
おくゆきいなかたいけんハウス／くもでこうりゅうひろば

民泊

2017年にオープン。集落出身者が、このままじゃいかん！　という想いと、僕たち若者が食えるように、と重機を自ら操作して手作りで広場を造成。大人の遊び！　BBQや魚のつかみ取り、かま炊きなどを体験可能。民泊はみなさんの実家が舞台。5軒からなり、囲炉裏や露天風呂を備えた家も。パワフルでゆかいなおっちゃんたちにもぜひ会ってほしい！

住所｜広島県広島市佐伯区湯来町多田420ほか
電話｜080-2911-0981
休み｜1月～3月が冬季休業

体験を通じた、世代も国境も越えた
コミュニケーション。

　体験って、もちろん楽しむのが第一ですが、その先に何を提供できるか、だと思っています。僕のテーマでいえば、それは混じりであり気づきであり。僕が大好きでインストラクターをしている「シャワークライミング」という体験があります。清流を登り、ときには激流を助け合って横切ったり、滝も登ったり。もちろん楽しいのですが、体験していくと、自然の素晴らしさとか、チームで助け合うこととか、いろいろと気づくことがあります。それも、世代や国境を越えたコミュニケーションを通じて。そして、自分とも向き合う。それが、自然の中での体験の醍醐味だと思います。あなたも、新しい自分と出会ってみませんか？

A. シャワークライミングは6〜9月に実施。毎日実施できるように準備中　B. 湯来には大小さまざまな滝が存在し、滝巡りにはうってつけ。散策プログラムも実施中　C. こんにゃくは湯来の特産品。体験もできる。子持ちこんにゃくとオオサンショウウオこんにゃくが大人気　D. 広島市最高峰の大峯山。見通しのいい日には、宮島や瀬戸内海、そして中国山地が一望できる

佐藤亮太のオススメ
訪ねておきたい湯来
― 2 ―

湯来の体験と交流の拠点
広島市湯来交流体験センター
ひろしましゆきこうりゅうたいけんセンター

交流

湯来ロッジの隣に位置する、湯来での体験の拠点。シャワークライミング、リバーカヤック、登山などの自然体験や、こんにゃくづくりやそば打ちなど、湯来の食を楽しめる体験も。また、いつ来ても楽しめるクラフト体験が20種類ほど用意されている。6月のほたる祭りや8月6日の竹あかりイベントなどもこちらが会場に。湯来に来たら、まずここへ。

住所 | 広島県広島市佐伯区湯来町多田
　　　　湯来ロッジ隣
電話 | 0829-40-6016
休み | 月曜

温泉

旅の最後は、やっぱり温泉♪
NEW! 湯来温泉「湯元」
貸切露天風呂
ニュー ゆきおんせんゆもとかしきりろてんぶろ

湯来に新スポット誕生！ 約20年にわたって閉鎖されていた「湯元」露天風呂が、貸切露天風呂としてリニューアル。広島出身の芸能人が自ら湯来の檜を切り出してつくった浴槽と、打たせ湯を新設。湯来温泉街復活ののろしを上げる施設。自然湧出の極上の温泉です。川のせせらぎを聞きながら、ご家族やご友人と、ゆったりと時間を過ごすことができる。

住所 | 湯来温泉街
電話 | 0829-40-6016
休み | 月曜

わたしと湯来

Sven van Geemen

大好きな温泉と、すてきな人たちとの出会い。

　湯来に行くと、素晴らしい田舎の景色に出合えます。私は2回にわたり、数カ月滞在しました。そのなかでも、湯の山温泉が私の印象的な体験です。冷泉の打たせ湯は、体だけでなく心も元気にしてくれます。また、日本の夏は暑すぎるので、川遊びもすごく楽しくて気持ち良いです。でも、湯来で一番好きなことは散歩です。自然が美しく道は静かで、いろいろな隠れた魅力を発見できます。山や川沿いを歩き、温泉に入り、さまざまな面白い出合いがあり、湯来は心も体も癒やされる場所。このすてきな世界を見つけられて良かった。

A. カープのリアルかかしが新たにできて喜ぶスベン(笑)　B. 来日した家族を連れて湯来に遊びに来たとき。家族ぐるみの付き合いに　C. 田植えから草取り、稲刈りまで一通り経験。外国人が来たら彼にガイドになってもらおう！

Sven van Geemen
スベン

オランダ出身。2度湯来に滞在し、広島の魅力にとりつかれ、移住してしまう。カープが大好きで「カープ外人」として、イベントにも出演する。日本語はカープの試合を見て覚えたらしい(笑)。

わたしと湯来

Justus Gie

初海外で湯来に来て、新しい興味関心を見つけました。

私は湯来に4カ月滞在しました。カフェでのお手伝いや、稲刈り、ほんもろこの収穫、新聞配達など、普段できない経験をたくさんすることができました。

また、湯来の自然と静かな空間に魅せられ、そして、佐藤さんや温かいご近所さんにも助けられて、初海外でも楽しく過ごせました。私は湯来に来るまではエンジニア関係の仕事をしたいと思っていましたが、湯来に来て山での仕事の興味を持って、今では山に入ったり狩りをしたりして楽しんでいます。湯来に来ると、新発見があるかもしれません！

A. 地域の秋祭りに参加。伝統的な神事に興味津々だった様子。地域の人も参加しろよ！　と言ってくれるのがうれしい
B. ヨシが帰国するときの写真。お隣さんとも仲良しでした　C. ヨシはドイツに帰ってハンティングも勉強する

Justus Gie
ヨシ

ドイツ出身。18歳で湯来に。初海外が日本、かつ日本に着いてそのまま湯来に来て4カ月滞在したので、彼にとって海外＝湯来である。滞在中に新たにやりたいコトが見つかり、今は狩りも楽しむ。

未来を旅する案内人 ❹

安村通芳
（株）TOWN DESIGN LABO 代表

初めはまったく想像していなかった
廿日市市での暮らし。

　僕が廿日市市に関わりはじめたきっかけは、東京からJターンで広島に戻り、廿日市市に居を構えたことです。当時は脱サラしたての一事業主で、廿日市が生まれ育った街という訳でもないので、親しい知り合いや友人など一人もいませんでした。そんな状況から現在に至るまでの間、自分の仕事はもちろん、妻の仕事や子どもたちの保育園、小学校など、ごく一般的な市民として「普通に生活をすること」を通してこの街に関わっています。

やすむら・みちよし

広島市生まれ。廿日市市在住。高校卒業後、（株）アダストリアに就職。東日本震災後、広島に帰郷。グランピング企画会社を起業後、レインボー倉庫広島の立ち上げに参画。地元商工会青年部の活動にも関わる。

地域の商工会青年部の活動にて子どもたちと一緒に行った「防災ジオラマ」の制作風景

地域の伝統行事やお祭りなど普通の暮らしが
連続した先にある「繋がり」の大切さを学びました

　そんな僕が、廿日市市で日々生活をしながら感じるのは、廿日市という街の程よいサイズ感です。世界遺産を有する観光地があるだけでなく、海と山もある環境なので、夏はマリンスポーツ、冬はウィンタースポーツとレジャーを満喫できますし、季節ごとの海の幸や山の幸を楽しむこともできます。

　一つの街でこんなにも楽しむことができる街はなかなか珍しいのではと思います。また、地域で暮らす人々のつながりも強く、市内の各地域には昔から続いているお祭りや伝統行事などがたくさんあります。

　そういった地域のつながりを大切に未来の世代へ残していくことが、今廿日市市で暮らしている僕らの役割なのでは？と感じています。

旅した地域の日常を体験するコトが一番新鮮。

　旅をするときの理由は何か？　僕のなかで主な動機となっているのは次の3つです。①会いたい人に会うこと、②見たい景色を見ること、③その場所の「日常」を体験すること。どれもあまり特別なことではないのですが、その方法が変わっています。例えば①や②の動機のときは、目的である会いたい人や見たい景色を見る以外の時間は、ほとんど旅らしいことをしていません。食事もコンビニやファストフードで済ませてしまいますし、寄り道も滅多にしません。とにかく目的を完遂することに全力を尽くします。本人はすごく満足していますが一般的には、変わっているなと自分でも思います。

　そんな僕が人に勧められる旅の仕方は③のその場所の「日常」を体験するということです。これはどういうことかとい

横浜の住宅街に誕生した人と人をつなぐ場所「レインボー倉庫横浜」

うと、目的の場所に到着したら、とにかくそこにずっといます。まるでその場所に住んでいたり働いていたりする人たちと同じように、その場所の「日常」をじ〜っくりと満喫します。そうすることで、その場所に日々どんな人が関わり、どんなことが起こっているのか？　が、妄想できて、その場所の一員になれたかのような気持ちになれるんです。そのときに自分のなかの価値観が広がった気がして、一人でニヤリとしてしまいます。もし廿日市市で僕と似たような旅の仕方をされたい場合は、ぜひ宮島島内にて実施してみてください。島に1日ずっといることでこれまでの宮島とは少し違った景色が見えてくると思いますよ。

A. 安芸高田市川根地域のきれいな空気と水が感じられる暮らしの風景　B. 広島市中区にある某ショップ。都会の屋上に存在する日常を切り取った1枚

未来を旅する案内人❹　安村通芳

広島オススメの一品

宮島はちみつ（初夏）
1,200円（120g）、2,700円（300g）

世界遺産「嚴島神社」がある宮島の南側斜面にある養蜂場で、周辺の「弥山原始林」に咲く花からみつばちたちが集めています。初夏（6月収穫）に採れるはちみつは、爽やかな味わいが特徴です。収穫時期によって味や香りの違いを楽しめます。

はつはな果蜂園
はつはなかほうえん

住所｜広島県廿日市市大野4161
電話｜0829-20-5268
HP｜hatsuhana888.base.shop

未来を旅する
スポット

庄原市
しょうばらし

(宿)

暮らし宿 お古
くらしじゅく おふる

一緒に暮らし学ぶ、
古くて新しいお宿。

住所 ｜ 広島県庄原市川北町1812-9
電話 ｜ 0824-72-9188
営業 ｜ 土・日曜（基本は一泊二日プラン、日帰り体験もあり。その他要相談）
HP ｜ r.goope.jp/yado-ofuru

C. 暖かい陽射しの縁側で、子どもたちとくつろぎのひとときを過ごす千尋さん　D. 毎回、竈（かまど）で火を起こしてお米を炊いたり、料理をしたり。タイルは建築当時のまま　E. 宿の側には澄んだ小川や周りに広がる豊かな自然環境

A. タイルの模様がかわいい昔ながらの五右衛門風呂。宿泊者が薪（まき）をくべて火を起こす　B. 千尋さんの夫、亮一さんとお見送りの子どもたち。お出かけ前の一コマ

　里山の麓に築100年の古民家を改装した暮らしを体験する宿。夫婦と三人の子どもたちと一緒に、竈（かまど）で火を起こして料理をし、五右衛門風呂を沸かして一晩を過ごします。店主の菱（ひし）千尋さんは、都内で薬の開発に携わっていたころ、大都会での暮らしを楽しみつつもなぜか違和感が積もります。田舎があるってうらやましい、という友人の一言で火がつき、入社4年目に単身で庄原へ移住。人と自然とがつながる古き良き田舎暮らしを体験してもらいたいと、宿をはじめました。

　今後は、自分たちで暮らしを作りたい人がぽつりぽつりと増えて、自営の村ができることを目指します。

A. 建物の一部には、ヤマモトロックマシンのロゴマークがさりげなくデザインされている。見過ごしそうな飾りから見つける楽しみ　B. 左から樫原さん、小谷さん、藤本さん

国登録有形文化財

広島東城
ヤマモトプロジェクト

ひろしまとうじょうやまもとぷろじぇくと

思わず修復したくなる
おしゃれな有形文化財。

住所｜広島県庄原市東城町川西
電話｜08477-2-4544
営業｜要事前相談
ＨＰ｜matidukuri.holy.jp

C. 3階建の美しい家族寮　D. オリジナルキーホルダー各1,000円　E. まるで小学校の廊下のよう。実際に、メンバーはこの2階建の独身寮を小学校と呼ぶ。訪れたアーティストの名前が部屋に貼られ、各自が装飾を施す。空き部屋あり

　最盛期に400人が暮らした自治管理の社員寮は、独身寮、家族寮、娯楽施設に食堂と管理棟とで成り立ちます。使われなくなってから約40年ですが、建築様式に惹かれた樫原節男さんは、地元の建築仲間や有志と共に掃除や修復をはじめました。SNSを活用し、各地の若手アーティストが訪れては作品を展示するなどの縁が広がり、海外からの旅行者にも文化を伝える活動が進んでいます。

　大規模な施設のため、まだまだ手をつける余白がたくさんあるプロジェクト。フランクに話ができるメンバーと一緒に修復をしたり、障子を張り替えたりと有形文化財のDIYを楽しんでみるのはいかがでしょうか。

未来を旅するスポット　庄原市

Shobara

ひろしま里山ウェーブ座談会
in TOKYO

2019.3.1

首都圏の若者と広島の中山間地域がつながって起きる人の波。
毎年、どんな出合いがあり、どんなミラクルが起こるか分からないところが魅力。
地域にディープに関わるウェーバーたちが東京で語り合いました。

「里山ウェーブ」誕生

尾﨑香苗(以下、尾﨑) まずは始めに里山ウェーブを始めたきっかけを教えてください。

木村富美(以下、木村) 島根県の海士町でやっていた「AMAワゴン」[※1]という面白いプロジェクトを知ったのがきっかけです。バスに乗って都会の学生がやってきて、地域の人たちとゆるくつながっていくんです。東京に戻った学生は、そこで出会ったおじさんたちに魅せられて、大学では「海士Tシャツ」を着て、ほかの人たちに「えっ? まだ海士町を知らないの?」っていうくらい海士ウェーブが起こっていた。これを広島県でもやりたいと思ったのが始まり。移住促進につなげようと思っていたわけではなくて、東京と広島の里山で、人がつながったら何か面白いことが起こるんじゃないかなっていう期待感だけで予算要求をしたんだけど……。結局、その過程で事業の目的やねらいを上手く説明することができなくて、予算はゼロ。「これをやったら何が起こるんだ」っていうところが私自身も分からなかったから、「何かが起こります」っていうくらいの説明しかできなくて(笑)。

尾﨑 厳しいですね……。

木村 はい。でも、ちょうど翌年、国の地方創生[※2]の関係で6月に補正予算を組むことになって、しつこく再チャレンジしました。最初は「きっと何も起きないよ」とか、「《里山ウェーブ》っていう事業名そのものが分かりにくいんだよ」とか、不評だらけでのスタートでした(笑)。「《里山ウェーブ》って何?」と聞かれたときに「人が集まる《波》を起こそうということです」って言ったら、

※1 AMAワゴン
島根県海士町の都市地方交流事業。講師と島外からの参加者が島の自然を満喫し、地域の人々と交流しながら海士町の取り組みに触れられる。

※2 地方創生
東京一極集中を是正し、地方の人口減少に歯止めをかけ、日本全体の活力を上げることを目的とした政策。

ものすごく分かりにくいって。でも、「ずっと言い続けていたら、分かるようになります」って譲らずにやってきた(笑)。そんななかでのスタートだったから、第1期のときには失敗するわけにいかなくて、ゆるくつながる事業と言いながら、受講生の皆さんには、(プロジェクトに対する)私の想いが強すぎて、かなりプレッシャーを与えていたかもしれません。受講生の最終プレゼンを控えたときに、阿部さんから「どういうことが起こったら木村さんのねらいどおりになりますか?」っていうメールまでもらって、一緒に考えてもらってることがうれしいなぁ……って、ちょっと感激しました。

阿部裕司(以下、阿部) ありましたね。

木村 だけど、最終プレゼンを聞いたときに「スナックあぐり」[※3]をやりますっていう提案には、かなりまいった。「スナックはやめて〜」って(笑)。「せめてバーはどうですか?」って言ったら「スナックだからいいんだ」と言われて。

尾﨑 面白いですね(笑)。

木村 そんな感じで、首都圏のソーシャルな人たちとゆる〜くつながっていったら、なぜか、今では、広島で何かやりたいねっていう人たちを中心に、移住者が12人も出たりする事業になりました。

尾﨑 移住者のなかには、予想を超えて人生が変わった! という人たちもいるんじゃないですか?

木村 いますねぇ。訪問先で自分の新しい生き方が見えてきて、結局、移住したくなって地域おこし協力隊になりましたっていう人も。これを、「ウェーブ移住」って言ってる(笑)。

ひろしま大好きウェーバー

尾﨑 今日、お声掛けした3人は、

※3 スナックあぐり
『東京エア三次会』が定期的に開催しているスナックイベント。三次のワインや地酒を飲みながら、三次や広島の話題で盛り上がる。

座談会メンバー

木村富美
きむら・ふみ

広島県地域政策局中山間地域振興部長。呉市在住。ひろしま里山ウェーブの発起人であり、ウェーブメンバーの母的存在。

阿部裕司
あべ・ゆうじ

東京から三次を応援する「東京エア三次会」主宰。「近畿カープ後援会」理事。三次生まれの大阪育ち。広島市在住。

尾﨑香苗
おざき・かなえ

ひろしま里山ウェーブ・コーディネーター。未来を旅する編集会議編集長、株式会社FRASCO代表取締役。広島市在住。

新井 正
あらい・ただし

世羅町ふるさとPR大使。現在、東京都江東区で世羅という名前が付く飲食5店舗を経営。世羅町出身。東京都在住。

米田まりこ
よねだ・まりこ

広島酒蔵を発信する集団「HIROSHIMA酒蔵スタンド」代表。草野球チーム「広島国際カープ」統括GM。東京都在住。

山本早苗
やまもと・さなえ

PromoVision代表。徳島県徳島市出身。東京都在住。撮影、動画制作の事業を展開。この座談会ではカメラ撮影担当。

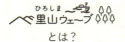
ひろしま里山ウェーブとは?

首都圏のソーシャル志向のプレーヤーと、広島の中山間地域をつなぎ、人が集まる波を起こす広島県の事業。2泊3日の現地実習を行い、地域と関わるプランを作成し、実践する。地域の方、コーディネーター、メンター、県市町の職員と深く関わり、約8ヵ月にわたるプログラム終了の頃には、まるで親戚や仲間のような関係になることも。

Round-table discussion

ひろしま里山ウェーブ座談会 in TOKYO

《里山ウェーブ》に関わる前から、すごい「広島大好き！」な人たちですよね（笑）。ウェーブに関わることで、何か変わったことありました？
阿部 広島の方とのつながりが、めちゃめちゃ増えましたね。
尾﨑 オフィシャルにつながっていく感覚ってありませんか？ 堂々と「ウェーブに関わっています」という感じでいけちゃうというか。
阿部 そうですね。広島が好きとか、広島のために何かしようと思っている人たちにつながるんで、その人たちのイベントに参加する機会が増えました。ウェーブに参加しなかったら、こんなに毎週のように広島のイベントに参加しなかったんじゃないのかって。
尾﨑 新井さんはいかがですか？
新井正（以下、**新井**） より広島を意識するようになりましたね。広島がらみのイベントに行って、皆さんの意見を聞いたり、考えていることを取り入れたり。会社名も「世羅」にして、「世羅といえば新井」っていうブランドにしているので、東京から「少しでも応援する」っていうところから変わってきています。
木村 マラソンも良かったですよね。
新井 「ふるさと対抗リレーマラソン」※4ですね。世羅を訪問した受講生のみんなが、お台場で行われたこのマラソンに「チームTASUKI」として参加しました。おそろいのTシャツを着て、1周約1kmのコースをタスキでつなぎながら、制限時間3時間を目一杯走るんです。
尾﨑 え？（チーム世羅の）1期生のみんなが走ったんですか！
木村 その様子をFacebookで見たときは泣けましたね。そんなことまでする？ みたいな感じで感動して。

※4 ふるさと対抗リレーマラソン
3時間リレーマラソンにひろしま里山ウェーブチームtasuki世羅が参加。カープとのコラボシャツを着てふるさとのことを想いながら楽しくタスキをつなぎながら走った。

尾﨑 東京で何かしてくれるってすごいいいですね。地域の人だけじゃなくて、広島と関わる東京の人も広島をキーワードに応援してくれるっていうのがいい。米田さんは？
米田まりこ（以下、**米田**） 私は、半年ぐらい前までは、「まちづくり」や「地域おこし協力隊」、あと広島県庁の事務所が東京にあるなんて全然知らなくて。たまたま「里山ウェーブ」を知って、SNSに楽しそうな写真ばかりあがっていたから、広島県はどういう動きをしてるんだろう？ と気になって、最初の説明会に行ってみたんです。全然参加する気はなかったのに、そこで無意識に「参加」に丸をしていたっていう感じです（笑）。
尾﨑 そうだったんですね（笑）。
米田 先日の模擬プレゼンの資料づくりで、本当にたくさんのイベントをやったんだなぁって気がついて。半年で7つも誰かと一緒にイベントをして。それはウェーブでつながった市役所や地域の人たちで、個人では絶対に知り合えなかったから、（ウェーブが）いいきっかけになったなあって思います。
木村 市町の担当者も「この事業はやっていて楽しい」ってみんな言ってくれるんですよね。担当者が楽しんでやってるから、参加する人はもっと楽しくなる。いいウェーブが起こってきてる。

ウェーバーは
何しに広島へ？

尾﨑 阿部さんは、東京時代から観光や里帰りじゃなくて、何度も広島に行かれていると思うんですけど、なぜそんなに広島に？
阿部 もともと大阪で生まれて東京

で働いていたので、広島のことは全然知らなかったんです。カープのために行くぐらいだったので、やっぱりこのウェーブつながりで地域の人のことを知って、三次はもちろん、大崎上島や江田島にも行くようになりました。
木村 観光地に行くというよりも、地域の人を知って、その人に会いに行く、みたいな感じですよね？
阿部 そんな人がおるんやったら、行ってみようかなと。
尾﨑 他の地域にもめっちゃ行ってるわけじゃなくて、かなり広島率が高いんですか？
阿部 ええ。そこ（行った先）で人に紹介されて、また知り合いが増えたりして。
新井 米田さんとも知り合って。
阿部 「スナックあぐり」にも来ていただいて。
木村 今度は、東広島バージョンのスナックもやるんでしょ？
米田 はい、インスパイアバージョンで（笑）。最終プレゼンの後に、打ち上げ兼スナックをやります。
木村 何かすごい日にやりますよね。
米田 この日は東広島チーム以外のプレーヤーも集まるし、市役所の人もいるので。
尾﨑 米田さんは広島に来られる機会は増えましたか？
米田 そうですね、お祭りを見に神石高原にも行ったし、瀬戸田にも行きました。瀬戸田は第1回目のお祭りに出店したんですけど……。
尾﨑 出店⁉
米田 はい。いいレモン農家さんがいるという噂のもと、紹介していただけるということで。（お祭りは）地域を盛り上げる象徴でもあるし、初回なので相当気合い入ってますから、色々

な勉強ができると思って行きました。
尾﨑 逆に、広島に行くんじゃなくて、例えば新井さんのお店に、「ここは広島つながりなんだよね」って、広島人がいらっしゃったりすることってありますか？
新井 広島つながりで来る人いますよ。「新井さんいますか」って。それはやっぱりうれしいですね。
尾﨑 わぁ〜。そういう方とお店で盛り上がったりするんですか？
新井 広島の話でね。さらに世羅の人だともっと盛り上がる（笑）。

オススメしたい
私の一押しの「ひろしま」

尾﨑 話は変わりますが、今までいろんな形で広島に関わってこられたなかで、私の一押しの「ひろしま」をぜひ教えてもらえますか？
木村 もちろん、言わずと知れた「カープ」とか「平和」以外ですよね？
尾﨑 そうです、「蔵出し」的なやつで。マニアックに、どこどこのおばあちゃんとかでもいいですよ。
新井 僕は2つあります。1つは、ものすごく歴史がある世羅の「今高野山」。もう1つは、「世羅高原農場」という花がとてもきれいな場所。昔はなかったけど、今は日本でも指折りのチューリップ畑になったと思います。タイミングが合わないと見られないからね。春はチューリップ、夏はひまわり、秋はダリアに冬は雪景色（笑）。
尾﨑 それ、いい。ほかには？
阿部 そうですね。僕はやっぱり三次で（笑）。スナックをやってると、三次の活動をしている人だと思われて、色々なところから声がかかるようになって。江田島のイベントでは、地域をフィーチャーして何か好きな

ひろしま里山ウェーブ座談会 in TOKYO

Round-table discussion　　　75

ひろしま里山ウェーブ
各地域での交流

大崎上島町

東広島市

庄原市

ひろしま里山ウェーブ座談会 in TOKYO

※5 三浦仙三郎
東広島市安芸津町出身の酒造家。1887年創案した軟水による酒醸造法「三浦式醸造法」は、広島酒発展の基礎を築いた。

ものを紹介してくれっていうので、そのときに紹介したのが、三次の「わに」。わにバーガー、わにドッグ、わにプリンを仕入れて販売したら、大好評でした！ なので今年も同じイベントで販売します。フジタフーズさんが作っていて「昔は県北で普通にわにを食べていたけれど、今はもう食べんし、食べたことがない子らも多いんで食文化として残ってほしい」と。それで若者向けにわに料理をいろいろ作っていたんで、応援したいと思って。

尾﨑　一般の方は「わに」って多分分からないかもしれないですね……。

阿部　サメのことです。普通は分からないので、そういうつかみもいれて。

尾﨑　米田さんは？

米田　選べないんですけど……今はやっぱり東広島市です。東広島市の安芸津というところで日本酒の吟醸酒がなかった時代に、研究開発した方がいて。

木村　人ですか？

米田　はい。三浦仙三郎※5という方です。杜氏組合を作って研究開発の合理化を図り、難しいとされていた広島の軟水で吟醸酒を作る手法を約20年もかけて研究されました。さらにはお酒造りで重要な精米を機械化できないかと地域を巻き込み、佐竹利市さんという方が日本で初めて精米機を開発されたそうです。それが今の「株式会社サタケ」です。東広島の小学校ではこのことを教えてもらえるらしいんですが、私は東広島出身じゃないので知らなくて。

阿部　そもそも広島が酒処だとは知らない人が多い。

尾﨑　日本三大酒処ではあるんですけど、意外と抜けてるんですよね。

米田　私の周りでも知らない人が多いです。皆さんカープの事はとても詳しいんですけどね（笑）。三浦仙三郎さんの凄いところは20年もの歳月を費やした吟醸酒の造り方の冊子を作って配ったり、全国の杜氏さんを呼んで教室を開いて東広島や広島だけでなく日本酒業界を発展させたんですね。本当に感銘です。そこまでしますかっていう（笑）。私が「HIROSHIMA酒蔵スタンド」として広島日本酒の試飲会や出店を開いて活動しているのは、このストーリーと各酒蔵のストーリーをもっと広島県人が発信する必要があると思ったからです。日本酒は地域の文化に根付いている「まちづくり」そのものですから。最近の試飲会は里山ウェーブに影響されて、さらに地域情報が多めになってしまいました（笑）

尾﨑　今、みなさんからあげてもらった「世羅の今高野山」や「世羅高原農場」、「三次のわに」、「安芸津の吟醸酒」は、私たちからすると結構、普通に知ってることなんですけど、外の人たちには、まだまだ知られていないのかもしれませんね。ところで、毎回、ウェーブで現地実習に行って、プレーヤーの人たちが東京に帰るころに、地元の人たちがすごく元気になってるんですよね。あれはどうしてなんでしょう。

木村　外から来た人から「ここ、すごくいいよね」って言われると、「えっ？ そうなの？」って。自分たちはそんな風に思ってなかったから、そういうひと言がすごくうれしいっていうのはあるかもしれないですね。

新井　地元の人たちにとっては、普通の生活なんですよね。

木村　ウェーブに参加した人たちにとっては、そこが良くて、今度は改めて個人的に広島に行ってみる。観

光に行くんじゃなくて、自分が知ってる地域の人に会いに行くみたいな、そんな人がこれからもっと増えてくるんじゃないかな。
新井　あの人がいるから会いに行くって、やっぱり大事ですねぇ。
木村　それが、今回の「未来を旅する本」のイメージなんでしょ？
尾﨑　そうなんですよ。人に会いに行ける本。普通の観光じゃなくて、プロジェクトを起こしちゃうとか、地域と関わるとか。それが、プライベートなのかオフィシャルなのか、よく分からない感じで、ビジネスも絡みつつ、趣味やライフワークになったり。そういう地域との関わりが広がっていくと、何だかすごく楽しいなぁって思ってたら、本の出版につながっちゃいました。

オススメ！
東京のなかの「ひろしま」

尾﨑　ぜひ読者の方に、「ここに来てくれたら、東京で広島を感じられるよ」っていう場所とかあったら、教えてください。
木村　やっぱりTAU[6]でしょ（笑）。
新井　あとはお好み焼屋さん。
阿部　最近、めっちゃ増えましたね。
尾﨑　やっぱり（お好み屋さんって）広島の人が集まっちゃうもんなんですかね？
阿部　だいたいのお店が、カープ居酒屋と一緒だと思います。そこでみんなで試合を観るみたいな感じ。
新井　東京で一番大きくて有名なのは神田のビッグビッグ[7]ですね。
阿部　カープ居酒屋の最大手ですからね（笑）。
米田　それか一種の広島のまちづくりなんじゃないのかなと最近思っています。神田の街を広島タウン化して広島を紹介してるっていうか、発信してるっていうか。私は「COISTA（コイスタ）」[8]。熱狂的なカープファンは何人もいるんですが、ここのオーナーさんはすごくって「広島」と「カープ」に貢献できるならとカープグッズを、年間100万円分も購入されていて。市民球場時代のビールのプラコップを1つも捨てずにお店に展示してあるという。震えるくらい広島愛が深いです（笑）。
木村　ふふっ、あとは、新橋で不定期に開かれる「スナックあぐり」でしょ？　これまでに、何回くらい？
阿部　3ヵ月に1回ぐらい開催していて、13回目ですね。
尾﨑　すごい！　誰かしらプレーヤーがカウンターに立ってる？
阿部　だいたいは。最初は、それこそ「三次にゆかりのある人が集まる場」っていうコンセプトでやってたんですが、あんまり三次ゆかりの人が見つからなくって（笑）。そのうち、広島や三次ワイン、カープに興味がある人も集まって、その人たちに三次を宣伝する場にもなっています。今はもう妖怪の話ばっかり（笑）。
木村　これからは東広島を紹介する場にもなるかもしれない（笑）。
阿部　はい、ほかの市町もやっていただければ。
木村　ウェーブのOB・OGが一堂に集まってもいいよね。
尾﨑　結構な人数ですよね？
新井　1期は40人ぐらい……。
米田　すごい人数。ちなみに、新井さんはどうやって「里山ウェーブ」のことを知ったんですか？
新井　たまたま代官山を歩いていたら、ウェーブのオープンセミナーをやっていて。もう、「これは運命だ」

ひろしま里山ウェーブ
各地域での交流

江田島市

神石高原町

呉市

ひろしま里山ウェーブ座談会 in TOKYO

※6 TAU
ひろしまブランドショップTAU（→P.79）

※7 ビッグビッグ
Big-Pig 神田カープ本店
（→P.79）

※8 COISTA（コイスタ）
鯉の応援スタジアムCOISTA 赤坂店　店内はカープ博物館と化したカープグッズの数々！　全席から観戦可能な3モニターで試合中継もバッチリ！　営業時間15:00～翌1:00　シーズン中月曜定休　シーズンオフ日曜定休（デイゲーム時は試合開始の1時間前開店）
東京都港区赤坂3-14-3 渡林赤坂ビル5F
TEL.03-5545-5192

Round-table discussion

「ひろしま里山ウェーブ」に関わる広島県中山間地域振興課参事、横田晋一さん（写真上段右端）

ひろしま里山ウェーブ座談会 in TOKYO

と思って参加しました。
木村 これまでに、OB・OG合わせて175人が参加。このうち移住者は10人以上ですね。
尾﨑 移住を目的にやっている事業じゃないのに。
米田 そのゆるさがちょうどいいんだと思います。「移住してして！」だとちょっと引いちゃうんですよ。移住ってやっぱりすごくハードルが高くなるから。移住がビンビン感じられるプロジェクトだと、ちょっと萎縮しちゃって（笑）。そこまで人生責任取れるの？ って思っちゃうんですよ、私は。
木村 最近、よく言われるんです。ゆるかったから良かったって（笑）。
尾﨑 そうは言っても、気づいたらどっぷりハマってる感じですよね。ウェーブの場合は、先にやりたいことがあってきてくれるケースが多いから、その後につながっていくんですよね。

驚きの化学反応が！

阿部 この辺でキリがいいので。
（ワインやシャンパンが運ばれてきて……）
全員 尾﨑さんの起業サプライズ！
尾﨑 えーっ？ ウソでしょ！

新井 会社の名前は「フラスコ」って言うんですか？
尾﨑 はい。フラスコのように、色んな人やコトが混ざって化学反応を起こしていくっていうコンセプト。
木村 すごく、いい名前ですよね。
尾﨑 以前から、部長にちょいちょい「起業したら？ 自分のやり方で広島を盛り上げたらいいんじゃない？」って言われて、本当にそうかもしれないって思いだして……（笑）。大崎上島に行ったときに、みんなが「やりたいことが見つかった」とか、「求められているものじゃなくて、自分がやりたいことをやらなきゃダメだよねぇ」って雰囲気になったときがあって、そのときに、あっ！ これはもう起業だな、と思ったんです。
尾﨑 ところで、部長はウェーブを通じて仲間が増えていくのって、どう感じていらっしゃいますか？
新井 こうやってつながりが増えるのはうれしいですよね。
木村 広島とつながる仲間が増えるっていうのはもちろんうれしいし、もっとうれしいのは、関係者同士が自然に横につながっていくことです。
米田 私も「あぐりに行ってみて」って部長から言われて行ってみたら、色んな人とつながりました。
木村 各市町に、毎年いろんな人が来るでしょ？ 最初は広島出身者が多かったのが、今では、受講生の口コミで、これまで広島のことは知りませんでしたっていう人が来てくれる。なんだかうれしいなぁって。その基礎を作ってもらったのが1期生。人のつながりってホントにすてきだなぁって、今、広島の里山に小さなウェーブが起こってきているのをしみじみと実感しています。

東京で広島に出合えるスポット

meet HIROSHIMA in TOKYO

新井さんがオーナーの店
魂 鳥和
たましい とりかず

ゆったりとした店内で、丁寧に焼き上げられた焼き鳥とお酒を堪能できる。広島復興支援メニューやプレミアムレモンサワー（瀬戸内産レモンジュレ入り）がオススメ。

住所 ｜ 東京都江東区木場5-2-2木場Yビル3 7F
電話 ｜ 03-5639-1154
営業 ｜ ディナー月～土曜18:00～23:00 (L.O.22:30)
ランチ火～金曜11:30～14:00 (L.O.13:30) 休み ｜ 日曜、祝日
HP ｜ torikaz.gorp.jp

オーナーは広島出身の里山ウェーバー
Big-Pig 神田カープ本店
ビッグビッグ かんだカープほんてん

神田にある広島東洋カープが大好きな人が集まる店。店員はカープのユニフォームで、貸しユニフォームもある。お好み焼をはじめ、料理もお酒も絶品。

住所 ｜ 東京都千代田区内神田3・4・6 富士エレベータービルB1
電話 ｜ 03-3255-6262
営業 ｜ 17:30～23:00 (L.O.22:30)
休み ｜ 日曜、祝日
HP ｜ smilewrinkle.com/bland/bigpig.html

銀座の広島県アンテナショップ
ひろしまブランドショップTAU
ひろしまブランドショップ タウ

本物の広島に触れ合えるアンテナショップ。広島の逸品を集めた売場や地元食材使用の飲食店、工芸品やプロスポーツグッズコーナー、イベントスペースなどがある。

住所 ｜ 東京都中央区銀座1・6・10 銀座上一ビルディング
電話 ｜ 03-5579-9952
営業 ｜ 10:30～20:00 (飲食店舗は各店舗により異なる)
休み ｜ 年末年始のみ
HP ｜ tau-hiroshima.jp

さまざまな分野の活動をサポート
ひろしま暮らしサポートセンター
ひろしまくらしサポートセンター

広島県への移住相談ができる。転職や起業に関する相談、そのほか活動について地域のフィールドや相談できる先輩移住者を丁寧に紹介してくれる。

住所 ｜ 東京都千代田区有楽町2-10-1 東京交通会館8階
電話 ｜ 080-5873-3296
営業 ｜ 10:00～18:00
休み ｜ 月曜、祝日、夏季休暇、年末年始
HP ｜ www.pref.hiroshima.lg.jp/soshiki/246/soudan.html

Round-table discussion

せとうちに〈ある〉もの

旅先でふらっと立ち寄った場所で感じるあの居心地の良さ。
話すつもりなんてなかったのに、通りすがりのおばあちゃんや、
定食屋のおじちゃんに、気づいたら不安や悩みを赤裸々に
打ち明けてしまっていた、あの感じ。くよくよ悩んでいたことが嘘のように、
すっきりした気持ちになっていたこと。

このとき、旅人を見つけては「ここには何もないでしょ」と
自嘲しがちなおばあちゃんやおじちゃんもまた、びっくりしているのです。
自分たちからしてみれば、なんでもない会話だったのに、
どうしてこのお客さんはいたく感動しているのだろう、と。
この瞬間に起きていることは、
「ない」ものと「ある」ものの単なる交換なのでしょうか。
都会にはないものが地方にはある。地方にはないものが都会にはある。
それだけなのでしょうか。

むしろ、このとき旅人は、乱暴に引っ張り出そうとしたら
すぐに壊れてしまうような、普段の生活の中では「ない」ものとして蓋をしていた、
とてもとても繊細な〈ある〉ものを自然に差し出していて、
そんなものがあること自体に驚いてしまっているのではないでしょうか。

逆に、おじちゃんおばあちゃんは、いつもそうしている、
自分たちにとっては「ない」も同然の、空気のような何かが、
〈ある〉ものとして受け止められることに、
びっくりしているのではないでしょうか。
そこでは、ないことにしていたものが〈ある〉のです。

これは、「ある」ものと「ない」ものの等価的な交換ではありません。

これは、同じコウカンでも〈ある〉もの同士が織り成す
「交感」と呼べるのではないでしょうか。

その〈ある〉は、ある瞬間を迎えるまで、
それぞれにとっては「ない」のも同然です。
お互いの中に最初から確固として「ある」のではなく、
両者の交じり合いのなかで、初めて明確な輪郭を帯びていくもの、
そんな響き合いのなかで、初めて姿を現すもの。

「ある」より〈ある〉の方が優れているだとか、
「ある」より〈ある〉が本質的だとか、そういうことではありません。

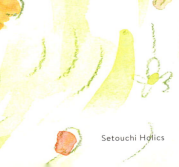

Setouchi Holics

「ある」もののやりとりをきっかけに〈ある〉ものが浮かび上がり、
同時に、〈ある〉ものなくして「ある」ものは存在しえないことに気づくこと。
定食屋さんで起こっていることは、
こういう〈ある〉ものの分かち合いなのではないでしょうか。

私たちにとって、「ある」も〈ある〉も
どちらも同じように大切なものなのです。

交換が交感を呼び起こし、交感が交換を実りあるものにしてくれる、
そんな循環のなかで育まれてきたものが、
私たちの人生をより豊かなものにしてくれるのではないでしょうか。
〈ある〉に背中を押された旅人のように。
何もないと思い込んでいたここには、
確かな〈ある〉があることに気づいた住民のように。

私たちは、ここ、せとうちに〈ある〉ものを信じています。

せとうちHolics

Setouchi Holics

せとうちHolics
ホリックス

せとうちHolicsは、
人と人との交わりの中に確かに〈ある〉ものが、
せとうちに暮らす私たちや
ここを訪れる人々の人生をより豊かにすると信じ、
さまざまな活動を通じて、
〈ある〉が姿を現わすその瞬間を
みなさんとともに分かち合います。

せとうちHolicsは、
観光による持続的な地域づくりを目指す組織
『せとうちDMO』とビジョンを共有し、活動しています。

せとうちDMO
http://setouchitourism.or.jp/ja/

せとうちHolicsの活動

「会いに行く」
Holicsがワゴンに乗ってせとうちを巡り、定食屋のおじちゃんや代々続く藍染職人さん、みかん農家さんや島のお醤油屋さんなど、仲間たちと出会う旅にでかけます。

「語り合う」
旅先で出会った人たちと寝食をともにしながら、その暮らしに溶け込み、立場や職種や年齢を超えて、じっくり本音で語り明かします。

「分かち合う」
こうした交わりの中で輪郭をあらわした〈ある〉を広く分かち合い、未来へ贈っていくために、ウェブサイトやSNSにて発信していきます。ウェブサイトは現在リニューアル中です。この他にもせとうちの仲間たちとトークイベントなどを企画中です。

◎お問い合わせ
せとうちHolics
http://setouchiholics.jp
setouchiholics@gmail.com

いつか、あなたと会える日を楽しみに
今日もワゴンは走ります！

Setouchi Holics

未来を旅する編集後記

公開編集会議の様子

里山のオールスターが集結

　来訪者も地域もエンパワーされる旅を伝えたい。そう思っていたある日。広島県の河内佑真さんから「クラウドファンディングに挑戦してみませんか」と連絡がありました。きっと、今がタイミングだ！　各地域のチャレンジャーたちが結集すれば、きっと面白い化学反応が起きるはず。私はワクワクしていました。

集まったメンバーを河内さんに伝えると、「里山のオールスターですね！」と興奮気味に一言。「確かに!!」と、笑い合ったのをよく覚えています。

　そして、いよいよ「第1回 未来を旅する公開編集会議」を開催。50名を超える参加者と話し合ったテーマは「新しい旅のカタチとは？」。人に会いに行く旅、エンパワーされる旅など、さまざまなすてきなキーワードが生まれました。

Editor's Note

メンバーとの絆を深めた合宿

　クラウドファンディング公開から2週間がたったころ、数字はまだ伸び悩んでいました。このままでは達成できないかも……。そんな不安のなか、以前からご縁のあった女性たちが、有志で広報部として参戦してくれることになりました。

　また、大崎上島の合宿では、私たちが伝えたいことって何だろう？　どんな本がいいんだろう？　どうやって資金を集めよう？　レモンの香りに包まれた畑や堤防で美しい夕日を見つめながら、そして夕食は一緒に鍋を囲んで、じっくり語り合いました。大人になってからは、なかなかできない青春です。翌朝からは本の企画チームと、里山で暮らすメンバー達によるリターン企画チームでの話し合い。暮らす地域が違うメンバー同士の親交が深まった合宿でした。

編集会議合宿の様子

さまざまなイベント

本書の取材

フィナーレはまるで祭り！

　クラウドファンディングのフィナーレに向けてはイベントが目白押しでした。

　頑張る人を応援したいと、広島市にある「Asa Kafe」のオーナーさんが江田島の話題を中心としたイベントを共同主催してくださいました。さらには「ゲストハウス縁」で大崎上島メンバー企画のレモン鍋を食べながら語るイベント、「co-ba hiroshima」で第3回公開編集会議を行いました。

　そして、励ましのメッセージが大量に飛び交うなか、ついに目標を達成。

　最終日、東京出張でご一緒していた江田島市の後藤峻さんと、達成の直後にハイタッチしたのを覚えています。

取材開始から、さらに広がるご縁

　2019年編集会議の新年会で、仲間が楽しそうにチャレンジしていることを発表し合う姿を見て、思わずじーんと涙が浮かんできました。ああ、こういう場にいられて私は幸せだなあ、と……。制作をはじめてからも、すてきな取り組みや地域をご紹介していただく機会にも恵まれました。

　ザメディアジョンさんをはじめ、制作にご協力いただきましたすべての皆様に感謝申し上げます。

編集長　尾﨑香苗

広報部4人の 未来を旅するメッセージ

**ふと立ち止まり
自分を見つめたいときや
わくわくしてみたいときは旅が一番**

　非日常体験は、旅の楽しみ。地元の匂いや風を感じ、市場で見たことない野菜や魚を味わい、その土地の人に出会い、文化や歴史を知ることで心は豊かにホッコリするでしょう。

飯田和子　いいだ・かずこ

岩国市出身の栄養士・調理師・国際薬膳師・中医薬膳専門栄養士・キッズキッチン協会シニアインストラクター・災害食専門員のおいしいもの大好き食いしん坊!!

**新しい自分に出会う旅
〜大崎上島〜**

　キラキラ輝く里山の緑。心地よい海風が運ぶ柑橘の香り。温かさに溢れた人たち。ゆったり流れる時。大崎上島では忘れていた大切なものを思い出し、新しい自分に出会えます。

田中里沙　たなか・りさ

「成長実感と感動」を届ける教育者。音楽や学習のパーソナルコーチとしてこれまでに1000名以上を指導。フィンランド政府観光局公認サウナアンバサダー。福岡在住。

**「里山」には、感動やパワーを
もらえる魅力がいっぱい**

　この度、一部ライティングを担当いたしました。この本は、たくさんのすてきな仲間たちと作り上げることができた、ワクワクがいっぱいつまった1冊となっています。

元川幸恵　もとかわ・ゆきえ

18歳のとき、アメリカの大学へ入学。留学中に「外国人と渡り合うには、自分の故郷をもっと知ることが必要だ!」と感じ、帰国後まちづくりのコンサルティングに携わる。

**「自分の内側を旅する」
自分が大切にしていることを
気づかせてくれる。**

　未来を旅するってどこかに行くだけじゃない。自分の本音に気づかせてくれたり、これだっていう生き方を見つけたり、出会う人に全て意味があったり、全てが旅のピースです。

金山実生子　かなやま・みおこ

新潟県長岡市出身。趣味は卓球と料理とヨガ。カナダ、ルワンダ、フィリピン、ドイツに旅をし、言葉は違っても心で通じ合える素晴らしさを知る。地域から日本を元気にしたい。

ここから始まる里山・里海との出合い

　本書をお手に取っていただきありがとうございます。私にとって、ひろしまの里山・里海、大崎上島との出合いは、人生のターニングポイントになりました。穏やかな自然のなかで、柑橘農家さんと一緒に収穫体験やお話をしたりして地域の価値観に触れ、より深く里山・里海の魅力を感じることができました。本書が里山と関わる入口として、そして少しでも豊かな暮らしのヒントになれば幸いです。

反岡和宏　そりおか・かずひろ

写真家。2015年ひろしま里山ウェーブ1期生。2018年、実家の広島市から大崎上島町へ移住。現在、大崎上島町観光協会事務局長。

「未来を旅する」論考

流通科学大学
人間社会学部 観光学科
准教授

山川拓也

観光商品論の立場から

　もとはというと関西出身で、いわゆる"ヨソ者"と呼ばれる立場にありながら、大学で観光研究を行う者としての縁もあって、広島との関わりを持ちはじめて3年が経過しようとしている。それまで、広島の地域との直接的な関わりは皆無に等しく、自らの視点も海外、とりわけヨーロッパに向けられることが多かった。長年、旅行業界でヨーロッパへと向かう団体ツアーの開発に携わっていたこともあって、ヨーロッパを例に生活文化価値の体感を意識した観光商品に関する理論構築を試みていたからである。

　2018年9月、『未来を旅する編集会議』の編集長を務めている尾﨑香苗氏と初めて会った。そこでの話のなか、「大抵の観光ガイドブックは、宮島と原爆ドームばかりで、広島の里山はとってもすてきなのに紹介されていませんよね。今の時期、暮らしを感じながら地域の人と関わる旅が求められていると思うのです。そのような旅を、広島の里山の仲間たちと考えて出版したいのですよ」と、プロジェクトに対する想いを聞いた。

　そこで、観光商品論の立場から、"暮らしを感じながら地域の人と関わる旅"――観光経験としての『生活文化体験』について考察してみたい。

「観光」を捉えなおす

　考察を進めていくにあたって、最初に「観光」を捉えなおすところからはじめたい。

　ヨーロッパでは、既に1970年代の後半ごろからマスツーリズムによって生じる弊害が議論されており、旅行先での文化体験や文化理解を重んじる「ソフトツーリズム」などの観光概念が提唱され

ていた。オーストリアの観光学者である
ヘルムート・ツォレス（Helmut Zolles）
は、マスツーリズム型の旅行形態を
「ハードツーリズム」と捉え、ソフトツー
リズムとの対比のなかで、旅行形態にお
ける価値変容について論じている
（Zolles1991）。そして、それと比較して
かなり遅れるものの、日本国内でも従来
からのマスツーリズムを超える「ニュー
ツーリズム」といった区分にて、新しい
観光経験や体験を基軸とした観光概念に
関する議論が進められている。

　このような事柄について議論する際は、
一般認識として狭義の観光に付された
「物見遊山」や「るるぶ」（見る・食べる・
遊ぶ）といった表層的見聞の意味からで
はなく、広義の観光として文化交流の視
座から捉える必要がある。その認識のも
と、異なる文化との出合いをキーワード
にして、観光概念に対する接近を試みる
研究者は多い。例えば、「観光とは特定
の人間が作り上げた、一つの文化的シス
テム」（山村2003）、「観光の旅とは、異
民俗・異文化との出会いの中で、新しい
自己を見出すもの」（神崎2005）、「観光
の旅とは、『他者と出会う』ことで自己を
世界に位置づけ直す人間の行動様式」（山
田2014）などである。

　これらの定義や言説は、ドイツ語の
「観光」に相当する‘Fremdenverkehr’に
通じるものばかりであろう。‘Fremden-
verkehr’の本義は、自宅以外の他所にお
ける滞在、そして地域の人や場所と交流
して親しくなるところにあり、いわば
『異日常との接触』である。ちなみに、別
のドイツ語で「観光」に相当する‘Touris-
mus’は、‘Fremdenverkehr’と比べると
「周遊」といった感覚が強く、「滞在」や
「交流」といった意味合いは強くない。

工業的観光システムとしての「マスツーリズム」

　なぜゆえに「大抵の観光ガイドブック
では、宮島と原爆ドームばかり」なのか
——世界遺産でもある「宮島」と「原爆
ドーム」は、広島観光でのシンボル的な
存在として位置づけられており、マス
ツーリズムの目的地として内外を問わず
大量の旅行者を引き寄せている。一方、
最近は、訪問地のキャパシティを大きく
越える旅行者来訪に起因する『オーバー
ツーリズム』（観光公害）の問題が取り沙
汰されるようになり、マスツーリズム型
観光の新たな課題となっている。

　マスツーリズムの日常現場において主
となる観光スタイルとしては、訪れる旅
行者側からすれば、「物見遊山」や「るる
ぶ」といった言葉に表される『表層的文
化消費』が中心となる。また、受け入れ
る地域側を見ても、旅行者を対象にした
「らしさ」や「演出」といった形での『擬似
的文化生産』が行われている。そこでは、
《表層的・擬似的文化体験の生産と消費》
が工業的に繰り返されており、一つの観
光システムとして機能している。これに

関して、文化人類学者の石森秀三は、「現地の『本物』の文化に直接触れる機会よりも、観光客向けに『本物』らしく制作された『作り物』の文化に触れる場合の方が多い」（石森1991）と指摘する。石森による指摘は、かれこれ四半世紀以上前の古いものであるものの、今もって基本構造として変わっておらず、観光での『表層的・擬似的文化体験』に係る問題の根深さを鮮明に浮かび上がらせている。

そのような観光システムにおいては、暮らしを感じながら地域の人と関わるような機会や時間など与えられておらず、《訪問地での本来的な生活文化体験》──そこに暮らす人々と同じように、食べたり、街中を散歩したり──などは行われていないと言い切ってもよい。しかしながら、観光経験としての『生活文化体験』は、現代的な観光のトレンドとして世界的に認知されており、日本国内でも成熟したインバウンド旅行者などによって積極的に実践される観光スタイルになりつつある。

観光経験としての『生活文化体験』の意味づけ

観光経験としての『生活文化体験』における本来的な意味づけを考える場合、そこに含まれる「生活文化」の指し示す意味を明確にしておく必要がある。

生活価値創造（value design）の視点で消費・生活文化とマーケティングとの関わりを研究する吉田順一は、文化は人々が共有している（生活）価値とその価値が具体的な暮らしぶりとして実現されているライフスタイルとの総体であるといい、'Culture' を超えた 'Value & Lifestyle' としての理解を提唱する（吉田2008）。一般に 'Culture' といえば、伝統文化としての古典的な事象や、狭義の文化としての財（絵画や建築物、音楽などの文化財）などが想定されがちである。しかし、この 'Culture' を超えた 'Value & Lifestyle' としての理解には、訪問地における「現在」のリアルな世界で創造される「生活文化」を強調する含意がある。

このことからしてみると、観光経験としての『生活文化体験』とは、「訪問地の人々における今の暮らしぶりや生活様式に接近し、その空間で共有されている生活価値を体感しようする試み」として意味づけることができ、それを表現する具体形として"暮らしを感じながら地域の人と関わる旅"が展開されることになる。

「未来を旅する」ことからの新たな価値創造

1980年代後半のバブル景気の最中で消費社会論が盛んに議論されていたころ、当時の大手広告代理店は 'Having' の時代⇒'Doing' の時代⇒'Being' の時代というキーワードを掲げて、成長経済から成熟消費社会への変化を予見していた。その後、2000年ころには「モノからコトへ」

といった言葉も出現し、所有（Having）だけではなく、体験や経験（Doing）を重視するマーケティングの必要性が唱えられてきた。そして、現代の成熟消費社会をマクロの視点で見ると、自己実現としての 'Being' が極めて大きな意味を持ち始めている。

マーケティングにおいての 'Being' は、その商品の消費を通じて「自分がどうありたいか？」を問うものとしても捉えることができる。それは商品に包含された「イミ」（意味）を感じ取ることから理解されるもので、最近は「クラフト」（Craft）による商品に対して感性的な価値を感じる生活者も増えており、新しい市場が生まれている。

「職人による手仕事」とも訳せる 'Craft' は、その土地における生活文化のなかから生み出される一つの価値体系である。その意味、この書籍で紹介されている里山のプレーヤーたちが展開する "暮らしを感じながら地域の人と関わる旅"——観光経験としての『生活文化体験』は、'Craft' の価値観によって創り出される観光商品といって良いだろう。そこでは、旅行者への上質な観光経験の提供による価値生産だけに留まらず、地域住民のQOL（Quality of Life ＝生活の質）ならびに訪問地としての地域価値の向上との調和と両立も志向されている。つまりは、里山に暮らす人々と旅行者との間にて、生活文化価値の共同創造を促そうとするものと考えられるのである。

参考文献：
・石森秀三（1991）「観光海外旅行」 小山修三編『日本人にとっての外国』ドメス出版
・神崎宣武（2005）「はじめに：旅と観光へのまなざし」 神崎宣武編著『文明としてのツーリズム 歩く・見る・聞く・そして考える』人文書館
・山村高淑（2003）「観光デザインというお仕事!!」 京都嵯峨芸術大学ホームページ『学びのヒント』（北海道大学学術成果コレクションHUSCAPより）
・山田義裕（2014）「観光創造の他者論：「他者との出会い」の観点から」 『「観光創造学を考える」研究会録』北海道大学観光学高等研究センター
・吉田順一（2008）「観光創造の方向と方法：ネオツーリズムと文化デザイン」 石森秀三編著『大交流時代における観光創造』北海道大学大学院メディア・コミュニケーション研究院
・吉田順一（2010）「新しい旅行スタイル：進化する旅行者ニーズと観光創造」 高橋一夫・大津正和・吉田順一編著『1からの観光』碩学舎
・Zolles, H., Mueller, R., and Ferner, F. K. (1981) Markeingpraxis fuer den Fremdenverkehr; Orac Pietsch (Wine)

山川拓也
やまかわ・たくや

1974年生まれ。大阪府立大学大学院経済学研究科博士後期課程修了。博士（経済学）。専門は観光商品論。
旅行業界の勤務を経て、広島文教女子大学人間科学部グローバルコミュニケーション学科専任講師。2019年4月より、流通科学大学人間社会学部観光学科准教授。
1995年から21年間にわたり、旅行業界でヨーロッパ方面への団体海外旅行の開発等に携わり、営業・添乗・造成の各部門を経験してきた。特に2004年からは、世界有数の旅行企業であるクオニイ社（KUONI）日本法人にて、ランドオペレーターの立場からヨーロッパツアー造成の業務を中心に、日本人海外旅行市場においての商品戦略等、その現場実務の中核を担ってきた。また、デンマーク・コペンハーゲンでの駐在経験もある。
研究においては、「異文化体験としての旅行」を中心テーマにしつつ、新たな観光商品開発や地域ブランド戦略等、これまでの観光理論の枠組みを超越した観光イノベーションの新地平を開拓中である。
教育面においては、現場実務と理論の両方を複眼的に捉えたプロジェクト型アクティブラーニングを積極的に導入し、リアルな学びを通した学生の意欲的な成長を支援している。その結果、指導した学生チームが参加した国土交通省主催のコンテストにおいて2年連続で表彰を受けている。

サポーター一覧

本書制作クラウドファンディングにご協力いただき、誠にありがとうございました。

大川智弘	北野尚人
赤松慎一郎	大野正博
後藤遥介	木村富美
米司隆明	山本 吏
平岡優一	阿部裕司
上山唯史	りょうたま
畑河内 真	田村悠揮
浅原貴美	エリー
立場川怜子	植田佳宏
谷口 望	堀田高広
飯田和子	吉本朋子
creativePLUS 川口恵美	末岡真樹
佛坂涼治	岡 真里
元川幸恵	實本昌輝
田中里沙	兼光茂洋
小林直樹	井原 豊
伊東篤史	つながり研究家 つじりゅういち
akemi yamamoto	坂元靖明
上野仁美	株式会社原色美術印刷社
松崎良祐	美谷由希奈
黒木真由	せとうちHolics
反岡和宏	高嶺さおり
伊達 勝、伊達亜美	竹内大策
株式会社ライブモア	嶋 愛
手塚将之	丸山高範
宮田純子	松本幸市
田中 寛	ヘコちゃん
ためまっぷ 政田穂積	岡本雄一

ようび 大島正幸	横田晋一
中川秀一	水田 薫
瀬戸麻由	大和亜基
株式会社凛	合同会社まえだ農園
河内佑真	後藤鮎美
Chihiro Yamada	mayatt. 田口麻耶
株式会社 TomTak	樋口明嗣
豊島大輝	菅 航輝
高橋直子	本平正宏
フリーマガジン mug 編集部 山口将弘	木村りょーた
松村竜治	元川キミヱ
阪本美砂子	浦田 愛
tsuki	鈴木将光
松村 渉	株式会社ジブンノオト キャリア教育デザイナー 大野圭司
田井千秋	海賊の学校
高尾美江	吉田博詞
赤木哲朗	吾妻 剛
松本敬一	La mer 玉井朋子
玉井雄一朗	早川 公
中村 "Manto" 真人	恵飛須由夏
株式会社藤田工業とЯ.com	大山磨紗美
Я.com と株式会社藤田工業	もりさん
高岡 暖	榎本善晃
羽生寛菜	吉原俊朗
長岡秀幸	中山智博
髙澤奈穂	
阿部良季	
和尚	

(敬称略・順不同)

Thank you for making this book together !

未来を旅する HIROSHIMA

「未来を旅する編集会議」STAFF

企画・編集	尾﨑香苗（FRASCO代表）
編集	堀友良平（ザメディアジョンプレス）

「未来を旅する」論考
文	山川拓也
撮影	寺下のぞみ
	山本早苗
文	松本幸市
	平尾順平
	後藤 峻
	中部直哉
	数田祐一
	瀬戸麻由
	佐藤亮太
	安村通芳
取材・文	河内佑真
	つじりゅういち
	元川幸恵

「せとうちHolics」
文	南 和希
イラスト	照井博恵
写真提供	反岡和宏
	石田しんじ
	吉宗五十鈴
デザイン	向井田 創
校閲	菊澤昇吾（ザメディアジョンプレス）
営業	西村公一（ザメディアジョン）
販売	細谷芳弘、檜垣知里（ザメディアジョン）

2019年4月25日　初版発行

発行人　尾﨑香苗

発行　株式会社 FRASCO
〒730-0011 広島県広島市中区基町12-5
あなぶき広島紙屋町ビル7階 co-ba HIROSHIMA
HP https://frasco-co.jp/

発売　株式会社 ザメディアジョン
〒733-0011 広島県広島市西区横川町2-5-15
HP http://www.mediasion.co.jp/
TEL 082-503-5035　FAX 082-503-5036

印刷・製本　シナノパブリッシングプレス株式会社

本書の無断複写・複製・転写を禁じます。法律で定められた場合を除き、著作権の侵害となります。造本には十分注意しておりますが、落丁・乱丁本（ページの順序の間違いや抜け落ち）の場合はお取替えします。購入された書店を明記して、当社「未来を旅するHIROSHIMA読者係宛」までお送りください。送料は当社負担でお送りいたします。ただし、古書店で購入したものについてはお取替えできません。

※掲載のデータは2019年3月1日現在のものです。本誌発売後、お店や施設の都合により変更される場合があります。その場合はご了承ください。誌面内の価格はすべて税込みです。

ISBN978-4-86250-624-5 C0026 ¥2000E
©未来を旅する編集会議 2019　Printed in Japan